部下のキャラを知って伝えたいことを100%伝える

職場コミュニケーション術

柴田賢治 著

セルバ出版

はじめに

本書を手にとっていただき、本当にありがとうございます。

ちなみに本書のどの部分に興味を持たれたでしょうか。

タイトルでしょうか。目次でしょうか。はたまた私のプロフィール、略歴でしょうか。

どのようなきっかけであれ、どこに興味を持たれたとしても、本書を手にされたということは、様々な人間関係でたくさんのストレスを抱えていらっしゃる中で、どう解決していこうか、どんな解決方法があるのだろうか、と考えていらっしゃるからかもしれません。

私の人生は、ある学問との出会いで大きく変わることとなりました。それは「個性心理學」という学問です。世界最大の統計学と呼ばれている中国の四柱推命をベースに、宿曜経など様々な統計学のエッセンスが盛り込まれており、なぜか誕生日からその人の個性、価値観、考え方、生き方の方向性、傾向、可能性が見えてくるというものでした。

対人関係ではあまりストレスを感じていなかった自分ですが、何よりも「自分自身のことが全然わからない」、「なんで自分はこうも飽きっぽくて子供っぽくって、大人になり切れないのだろうか？」そんな疑問ばかりが、毎日頭のどこかで巡り巡っている。そのような状況を一気に一度に短期間で激変させてくれた考え方がまさに「個性心理學」でした。

様々な経営者から、「この人はどんなタイプの人だろう？」という質問を頂戴したり、「Aさんと

Bさんが衝突しているのだけど、どのような解決策があるだろうか？」そんなアドバイスを求めてくるメッセージが頻繁に届きます。私はそこに出てくるAさんBさんなどとはもちろん一切面識はありませんが、「Aさんのこんな個性とBさんのこんな個性でぶつかりやすいかもしれませんね」そのようなアドバイスをすると「リアルに見ていたわけじゃないよね？　なんでそこまでわかるんだ？」そのような反応をたくさんいただきます。

本書は「占いの本」ではありません。誕生日のという1つのデータから見えてくる「1つの傾向と可能性」を活用するための本です。個性の違い、価値観の違い、考え方の違い、そこから見えてくる仕事の仕方、取組み方の違い、いわば「強み」のようなものにフォーカスしながら、相手にどのように話せば伝わりやすいのか？　理解してくれやすいのだろうか？　実際のコミュニケーションの中で使える具体的な例を交えながら解説して参ります。

皆さんにとって本書が、人間関係、コミュニケーションを難しく面倒なものから、面白い！　楽しい！　嬉しい！　に変わるきっかけになれたら幸いです。

柴田　賢治

2020年2月

部下のキャラを知って伝えたいことを１００％伝える職場コミュニケーション術　目次

はじめに

第1章　なぜ、伝えたいことが全く伝わらないのか

第2章　個性心理學というコミュニケーションツール

第3章　伝える伝わる土台づくりが大切

第4章　実践編その1　すぐに使える3分類徹底比較

第5章　実践編その2　自分の言いたいことが伝わる3分類別「聞き方と伝え方」

第6章　実践編その3　自発的行動へと導き促す動物キャラ別「やり方と引き出し方」

個性心理學60分類キャラクター換算表

西暦/年号	1月	2月	3月	4月	5月	6月	7月	8月	9月	10月	11月	12月
1926 （昭和1年）	26	57	25	56	26	57	27	58	29	59	30	0
1927 （昭和2年）	31	2	30	1	31	2	32	3	35	4	35	5
1928 （昭和3年）★	36	7	36	7	37	8	38	9	40	10	41	11
1929 （昭和4年）	42	13	41	12	42	13	43	14	45	15	46	16
1930 （昭和5年）	47	18	46	17	47	18	48	19	50	20	51	21
1931 （昭和6年）	52	23	51	22	52	23	53	24	55	25	56	26
1932 （昭和7年）★	57	28	57	28	58	29	59	30	1	31	2	32
1933 （昭和8年）	3	34	2	33	3	34	4	35	6	36	7	37
1934 （昭和9年）	8	39	7	38	8	39	9	40	11	41	12	42
1935 （昭和10年）	13	44	12	43	13	44	14	45	16	46	17	47
1936 （昭和11年）★	18	49	18	49	19	50	20	51	22	52	23	53
1937 （昭和12年）	24	55	23	54	24	55	25	56	27	57	28	58
1938 （昭和13年）	29	0	28	59	29	0	30	1	32	2	33	3
1939 （昭和14年）	34	5	33	4	34	5	35	6	37	7	38	8
1940 （昭和15年）★	39	10	39	10	40	11	41	12	43	13	44	14
1941 （昭和16年）	45	16	44	15	45	16	46	17	48	18	49	19
1942 （昭和17年）	50	21	49	20	50	21	51	22	53	23	54	24
1943 （昭和18年）	55	26	54	25	55	26	56	27	58	28	59	29
1944 （昭和19年）★	0	31	0	31	1	32	2	33	4	34	5	35
1945 （昭和20年）	6	37	5	36	6	37	7	38	9	39	10	40
1946 （昭和21年）	11	42	10	41	11	42	12	43	14	44	15	45
1947 （昭和22年）	16	47	15	46	16	47	17	48	19	49	20	50
1948 （昭和23年）★	21	52	21	52	22	53	23	54	25	55	26	56
1949 （昭和24年）	27	58	26	57	27	58	28	59	30	0	31	1
1950 （昭和25年）	32	3	31	2	32	3	33	4	35	5	36	6
1951 （昭和26年）	37	8	36	7	37	8	38	9	40	10	41	11
1952 （昭和27年）★	42	13	42	13	43	14	44	15	46	16	47	17
1953 （昭和28年）	48	19	47	18	48	19	49	20	51	21	52	22
1954 （昭和29年）	53	24	52	23	53	24	54	25	56	26	57	27
1955 （昭和30年）	58	29	57	28	58	29	59	30	1	31	2	32
1956 （昭和31年）★	3	34	3	34	4	35	5	36	7	37	8	38
1957 （昭和32年）	9	40	8	39	9	40	10	41	12	42	13	43
1958 （昭和33年）	14	45	13	44	14	45	15	46	17	47	18	48

西暦/年号	1月	2月	3月	4月	5月	6月	7月	8月	9月	10月	11月	12月
1959 （昭和34年）	19	50	18	49	19	50	20	51	22	52	23	53
1960 （昭和35年）★	24	55	24	55	25	56	26	57	28	58	29	59
1961 （昭和36年）	30	1	29	0	30	1	31	2	33	3	34	4
1962 （昭和37年）	35	6	34	5	35	6	36	7	38	8	39	9
1963 （昭和38年）	40	11	39	10	40	11	41	12	43	13	44	14
1964 （昭和39年）★	45	16	45	16	46	17	47	18	49	19	50	20
1965 （昭和40年）	51	22	50	21	51	22	52	23	54	24	55	25
1966 （昭和41年）	56	27	55	26	56	27	57	28	59	29	0	30
1967 （昭和42年）	1	32	0	31	1	32	2	33	4	34	5	35
1968 （昭和43年）★	6	37	6	37	7	38	8	39	10	40	11	41
1969 （昭和44年）	12	43	11	42	12	43	13	44	15	45	16	46
1970 （昭和45年）	17	48	16	47	17	48	18	49	20	50	21	51
1971 （昭和46年）	22	53	21	52	22	53	23	54	25	55	26	56
1972 （昭和47年）★	27	58	27	58	28	59	29	0	31	1	32	2
1973 （昭和48年）	33	4	32	3	33	4	34	5	36	6	37	7
1974 （昭和49年）	38	9	37	8	38	9	39	10	41	11	42	12
1975 （昭和50年）	43	14	42	13	43	14	44	15	46	16	47	17
1976 （昭和51年）★	48	19	48	19	49	20	50	21	52	22	53	23
1977 （昭和52年）	54	25	53	24	54	25	55	26	57	27	58	28
1978 （昭和53年）	59	30	58	29	59	30	0	31	2	32	3	33
1979 （昭和54年）	4	35	3	34	4	35	5	36	7	37	8	38
1980 （昭和55年）★	9	40	9	40	10	41	11	42	13	43	14	44
1981 （昭和56年）	15	46	14	45	15	46	16	47	18	48	19	49
1982 （昭和57年）	20	51	19	50	20	51	21	52	23	53	24	54
1983 （昭和58年）	25	56	24	55	25	56	26	57	28	58	29	59
1984 （昭和59年）★	30	1	30	1	31	2	32	3	34	4	35	5
1985 （昭和60年）	36	7	35	6	36	7	37	8	39	9	40	10
1986 （昭和61年）	41	12	40	11	41	12	42	13	44	14	45	15
1987 （昭和62年）	46	17	45	16	46	17	47	18	49	19	50	20
1988 （昭和63年）★	51	22	51	22	52	23	53	24	55	25	56	26
1989 （平成1年）	57	28	56	27	57	28	58	29	0	30	1	31
1990 （平成2年）	2	33	1	32	2	33	3	34	5	35	6	36
1991 （平成3年）	7	38	6	37	7	38	8	39	10	40	11	41

西暦/年号	1月	2月	3月	4月	5月	6月	7月	8月	9月	10月	11月	12月
1992 （平成4年）★	12	43	12	43	13	44	14	45	16	46	17	47
1993 （平成5年）	18	49	17	48	18	49	19	50	21	51	22	52
1994 （平成6年）	23	54	22	53	23	54	24	55	26	56	27	57
1995 （平成7年）	28	59	27	58	28	59	29	0	31	1	32	2
1996 （平成8年）★	33	4	33	4	34	5	35	6	37	7	38	8
1997 （平成9年）	39	10	38	9	39	10	40	11	42	12	43	13
1998 （平成10年）	44	15	43	14	44	15	45	16	47	17	48	18
1999 （平成11年）	49	20	48	19	49	20	50	21	52	22	53	23
2000 （平成12年）★	54	25	54	25	55	26	56	27	58	28	59	29
2001 （平成13年）	0	31	59	30	0	31	1	32	3	33	4	34
2002 （平成14年）	5	36	4	35	5	36	6	37	8	38	9	39
2003 （平成15年）	10	41	9	40	10	41	11	42	13	43	14	44
2004 （平成16年）★	15	46	15	46	16	47	17	48	19	49	20	50
2005 （平成17年）	21	52	20	51	21	52	22	53	24	54	25	55
2006 （平成18年）	26	57	25	56	26	57	27	58	29	59	30	0
2007 （平成19年）	31	2	30	1	31	2	32	3	34	4	35	5
2008 （平成20年）★	36	7	36	7	37	8	38	9	40	10	41	11
2009 （平成21年）	42	13	41	12	42	13	43	14	45	15	46	16
2010 （平成22年）	47	18	46	17	47	18	48	19	50	20	51	21
2011 （平成23年）	52	23	51	22	52	23	53	24	55	25	56	26
2012 （平成24年）★	57	28	57	28	58	29	59	30	1	31	2	32
2013 （平成25年）	3	34	2	33	3	34	4	35	6	36	7	37
2014 （平成26年）	8	39	7	38	8	39	9	40	11	41	12	42
2015 （平成27年）	13	44	12	43	13	44	14	45	16	46	17	47
2016 （平成28年）★	18	49	18	49	19	50	20	51	22	52	23	53
2017 （平成29年）	24	55	23	54	24	55	25	56	27	57	28	58
2018 （平成30年）	29	0	28	59	29	0	30	1	32	2	33	3
2019 （令和1年）	34	5	33	4	34	5	35	6	37	7	38	8
2020 （令和2年）★	39	10	39	10	40	11	41	12	43	13	44	14

★はうるう年

個性心理學60分類キャラクター対応表

	リズム	キャラクター
1	大樹	長距離ランナーのチータ
2	草花	社交家のたぬき
3	太陽	落ち着きのない猿
4	灯火	フットワークの軽い子守熊
5	山岳	面倒見のいい黒ひょう
6	大地	愛情あふれる虎
7	鉱脈	全力疾走するチータ
8	宝石	磨き上げられたたぬき
9	海洋	大きな志をもった猿
10	雨露	母性豊かな子守熊
11	大樹	正直なこじか
12	草花	人気者のゾウ
13	太陽	ネアカの狼
14	灯火	協調性のないひつじ
15	山岳	どっしりとした猿
16	大地	コアラのなかの子守熊
17	鉱脈	強い意志をもったこじか
18	宝石	デリケートなゾウ
19	海洋	放浪の狼
20	雨露	物静かなひつじ
21	大樹	落ち着きのあるペガサス
22	草花	強靭な翼をもつペガサス
23	太陽	無邪気なひつじ
24	灯火	クリエイティブな狼
25	山岳	穏やかな狼
26	大地	粘り強いひつじ
27	鉱脈	波乱に満ちたペガサス
28	宝石	優雅なペガサス
29	海洋	チャレンジ精神の旺盛なひつじ
30	雨露	順応性のある狼

	リズム	キャラクター
31	大樹	リーダーとなるゾウ
32	草花	しっかり者のこじか
33	太陽	活動的な子守熊
34	灯火	気分屋の猿
35	山岳	頼られると嬉しいひつじ
36	大地	好感のもたれる狼
37	鉱脈	まっしぐらに突き進むゾウ
38	宝石	華やかなこじか
39	海洋	夢とロマンの子守熊
40	雨露	尽くす猿
41	大樹	大器晩成のたぬき
42	草花	足腰の強いチータ
43	太陽	動きまわる虎
44	灯火	情熱的な黒ひょう
45	山岳	サービス精神旺盛な子守熊
46	大地	守りの猿
47	鉱脈	人間味あふれるたぬき
48	宝石	品格のあるチータ
49	海洋	ゆったりとした悠然の虎
50	雨露	落ち込みの激しい黒ひょう
51	大樹	我が道を行くライオン
52	草花	統率力のあるライオン
53	太陽	感情豊かな黒ひょう
54	灯火	楽天的な虎
55	山岳	パワフルな虎
56	大地	気取らない黒ひょう
57	鉱脈	感情的なライオン
58	宝石	傷つきやすいライオン
59	海洋	束縛を嫌う黒ひょう
60	雨露	慈悲深い虎

まずは自分のキャラクターを調べてみましょう

キャラクターの調べ方

例）１９７６年９月13日生まれの方の場合《計算方法》

①１９７６年９月のコード数を確認します。↓　52

②コード数に生まれた日を足す。↓　52＋13日＝65

③合計数が60を超える場合は、合計数から60を引く。　65－60＝5

④6分類キャラクター対応表で「5」を調べる。↓　面倒見のいい黒ひょう

※合計数が60以下の場合はそのままの合計数を対応表で調べます。

※出生時間が23時以降の方は、合計数に「＋１」して対応表で調べます。

（23時以降は翌日扱いとなります）

第1章　なぜ、伝えたいことが全く伝わらないのか

1　自分の当たり前は、皆にとっての当たり前ではない

私たちは個性の違いをどこでも学んで来なかった

私たちは今まで、親や学校の先生から、世代によっては近所のおじちゃんおばちゃんからこう教わってきました。

「個性はみんな違うんだよ。個性はみんな違っていていいんだよ」

しかしです。親や学校の先生は、そして近所のおじちゃんおばちゃんは、個性はどう違うのか。どこがどう違っているのか？　その具体的な違いや差を教えてくれたでしょうか。私の経験を遡れば、どこでも学んだことはありませんでした。個性の違いを学んだという記憶は何一つありませんでした。皆さんはいかがですか。ほとんどの方は、やっぱり私と同じように「学んでいない」のではないでしょうか。個性は違っているよ、個性は違っていていいよ、そんな大きな枠の部分と、そのような事実だけを教えてもらい、何一つ具体的な違いや差を教えてもらってはいませんでした。

「学んではいなかった」という事実、現実の中で、人間関係を構築し、コミュニケーションをとっていこうとしていたのが今までの私たちなのです。

ということは、うまくできなくて当然です。うまくやれなくて当たり前だったのです。うまくできない自分が悪い、うまくやれない自分がダメなんだ、そのようにして、自分の自信は失われ、人

間関係やコミュニケーションは難しいもの、煩わしいものだと捉えてしまっている人たちがものすごくたくさんいらっしゃるのではないでしょうか。こういった背景を無視して、こういった事実に気づかないままに社会という大海原に出されては、いろんな人と衝突し、荒波にもまれていきます。そんな中で、大きな夢や希望を持って社会人になったとしても、人間関係の難しさ、いろんな衝突、いざこざがやる気を削ぐことになり、結果的に夢や希望を見失ってしまうのかもしれません。

まずは何よりも自分自身をしっかりと知る

自分の中の「当たり前」を瞬時に他人に伝えられますか。多くの皆さんの答えは「ＮＯ」だと思います。自分の中の当たり前を「個性」という言葉に置き換えて話を進めてみたいなと思うのですが、実は自分の個性というものは、他人との違い、他人との比較からしか気づけないものでした。

日本の教育を批判するつもりはありませんが、今まではどうしても「同じように」を求める、求められるような教育でした。その影響がとても強いからか，比べること、比較することをネガティブに捉えがちです。比べること、比較することから違いを認識し、それが自分の個性なのだと理解していくのが自然なのかもしれませんが、日本の環境は、それを容易にはさせなかったのかもしれません。

違っていることがイジメの対象になり、みんなと同じようにと個性を押し殺して生きてきた。そのような教育と環境の中においては、同じことは「正解」、異なっていることは「不正解」そのような感覚と常識をつくってしまったのかもしれません。その結果として、自己肯定感は低くなり、自分の意見を堂々と言える人が減ってしまったかのように思います。

ここで何よりも大切だと感じることは、

「まずは何よりも自分自身をしっかりと知る」

ということです。自分はこんな人です。こういったことが好きです。こんなやり方をするタイプです。臨機応変に対応することが得意です。段取り重視で物事を組み立てていくことが得意です。そんな自分自身であるということを、まずはしっかりと知り把握することこそが、コミュニケーションを円滑にしていく第一歩だと私は考えます。

2　現状をまずは知って認めよう

自己肯定感の低い日本人

現に、先進国の中で、日本という国の自己肯定感はずば抜けて低いことがデータを見てもわかります（図表1参照）。

「どうせ自分なんか、何をやってもうまくいきっこない」

そのように諦めてしまっている人がとても多いのでは？　以前よりもとても増えたのでは？　と感じています。そして、どこかそのような思いを抱いたままの社員、スタッフと関わっていかなけ

〔図表１　自分自身に満足している〕

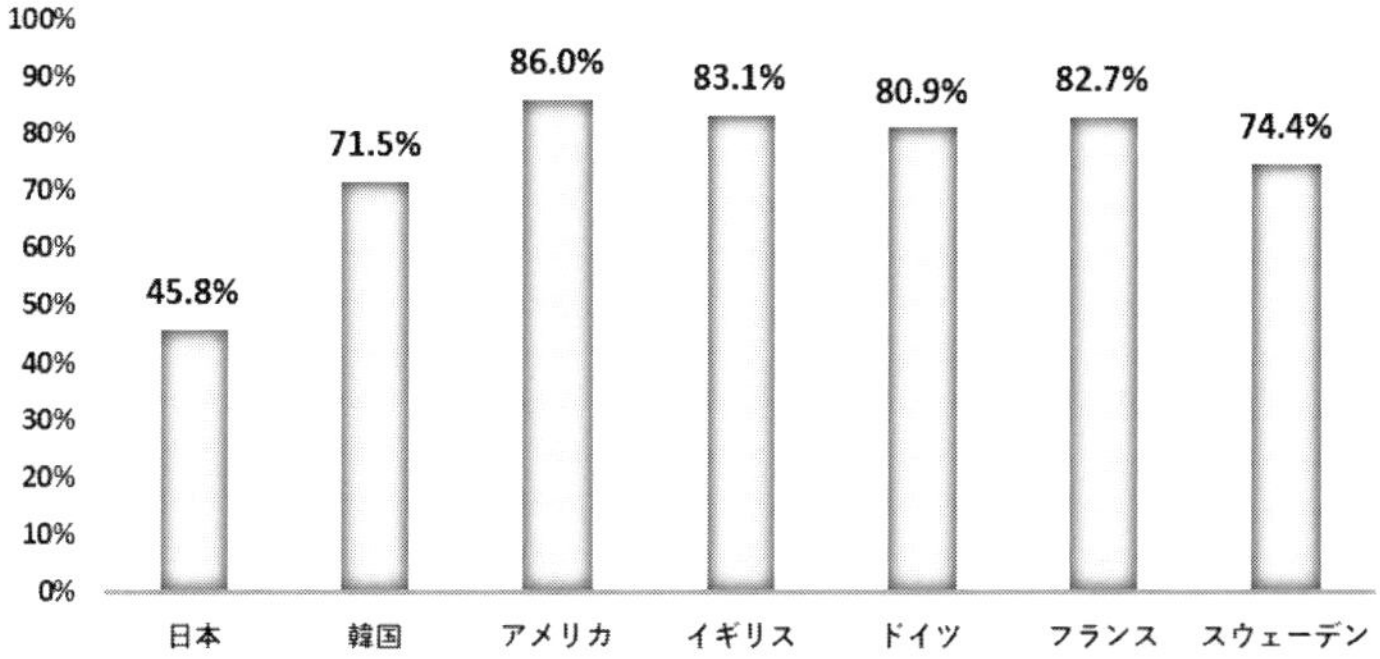

(注)「次のことがらがあなた自身にどのくらいあてはまりますか　」との問いに対し、「私は、自分自身に満足している」に「そう思う」「どちらかといえばそう思う」と回答した者の合計。　（参照データ：平成26年版子ども・若者白書）

ればならないのがこれからの組織だということです。そして何よりも、今本書を手にしていただき、読み始めていただいたあなたも、自己肯定感が低いかもしれませんが、それが今の日本なのです。

過去の自分は、今の自分と比べたら、比較にならないくらいに自己肯定感は低いものでした。常に劣っている、常に負けている、なんでみんなはできるのに、自分にはできないのだろう。本気でそのような悩み、苦しんだこともありました

いまさら過去の出来事、過去の教育を変えることはできません。しかし、私たちには未来があります。よりよくしていこうという意志と意識を持っています。私たちは日々成長できます。だからこそ、このような本を手にしていただきましたよね？　よくなろうと思って。よくなり

たいと願って。私が学び、実践している個性心理學は、人間関係、コミュニケーションはもちろんですが、自分をしっかりと知ることができたことで、自己肯定感がとても高くなりました。自分を認めることができました。受け入れることができました。だから今、このような本を書かせていただくチャンスまでも手にすることができました。決して遅くはありません。誰でもいつからでも自己肯定感は上げられます。

人の心は弱いのです

自己肯定感が低いながらも、社会人として生きている私たちは、様々な場面で、その場に必要な役目役割を与えられます。与え続けられていきます。与えられた責任と、自分自身の心の成長との間に大きな差、乖離ができているのが現代人なのかもしれないと感じています。常にプレッシャーを感じ、常に周りからの目と評価を気にしながら進んでいかなければならない。私はそのような社会、組織には不向きでした。いられませんでした。大卒で入った最初の会社を約6年勤めた後に、退社させていただきましたが、今となっては、その経験がすべて今に生きていることは言うまでもありません。

しかし、そのときはそうは思えないのが人間です。そのまま続けたら、体はもちろん、心も持たないなと感じ、会社を離れる決断をし、個人事業主となりました。通販で買ったパソコンの設置設定作業等の委託を受けながら、作業に従事する日々。毎月あったノルマからは解放されましたが、今度は全く持って知らない、見ず知らずの方のお宅を訪問し、作業するという仕事。お客様にも様々なタイプがいらっしゃいます。やはりどこに行っても、どのような仕事に就いたとしても、「人間関係」から生まれるストレスからは離れられません。融通の利かないお客様、気難しいお客様、理不尽な要望を押し付けてくるお客様。それにうまく対処できない自分、一生懸命やっても伝えても、理解していただけない自分の非力さを痛感しました。

人の心は弱いのです。やっぱり人から何か言われたら、否定され、非難され、やったことに文句を言われると、自分自身の存在ごと否定されたかのように思うのです。そのときの自分は、受け入れるのではなく「受け取る」のだけで精一杯。皆さんにもそのような経験はありませんか？

3　特別なことをする必要はない

私は特別な存在なんかではない

ここでお伝えしたいのは、私が特別な存在ではないということです。私も皆さんと同じ、もしかしたら、それ以下からのスタートだったかもしれないのです。何かすごい成果を出した人を見たとき、自分ではできない何かをやり遂げた人を見たとき、多くの人は同じようなことを考えるでしょう。

「どんな特別なことをしたのだろうか？　どんなテクニックを使ったのだろうか？」

実はその多くは、特別なことはしていません。諦めることなく、ただひたすらにやった、やり続けた先に手にした結果であり成果でしかないのです。

わたしは個性心理學という学問を常に意識し、実践し続けた結果として、今の自分がいます。個性心理學と出会って早7年。毎日のように個性心理學の知識と情報を意識して、家族はもちろん、仕事仲間、友人知人と接してきました。その結果、比べ物にならないくらいに、人間関係にストレスを感じなくなりました。融通の利かない人、気難しい人、理不尽な要望を押し付けてくる人、様々な方とお会いしても、「こんな人なんだな。このようにしかできない人なんだな」。そのような事実だけを捉えるようになりました。

個性から来るものを判断しない、ジャッジしない

個性の違いがわかってくると、今まで以上に「気づくこと」「気づけること」が多くなってきます。これこそがまさに変化と成長です。そして何よりも大切なのは、個性から来るであろう、やり方、考え方などを「いい」とか「悪い」とか、判断しなくていいということ、ジャッジしなくていいということです。

しかし、判断してしまったとしても、ジャッジしてしまったとしても、それはそれでOKです。やはり大切なのは、判断した自分に気づく、ジャッジした自分に気づく。その事実にまずは気づき、認め、受け入れていくことが大切です。

どうしても人は、人を変えようとしてしまいますが、大切なのは「自分自身の見方・捉え方を変える」ということです。できないと思った方は、何も考えずに、まずは試してみることをおすすめいたします。できる、できないに関係なく、試してみる、やってみるということが、その一歩を踏み出してみることが大事なのです。

4　助言・アドバイスのほとんどは「自分の当たり前の押付け」

助言・アドバイスの多くは「自分の当たり前」の押付けだということを知る

自分の個性、価値観、そして自分の中の当たり前を、しっかりと知って認めて把握しない限り、皆さんの指示、助言、アドバイスのそのほとんどは「自分の当たり前の押し付けだったのかもしれない」という事実に気づくことはできません。

気づかないままだと、この先ずっと押付けの一方通行となってしまいます。押し付けているという認識がないままに、私たちはいつも自分のやり方、自分の当たり前を「これが正しい方法」「これが正しい選択」と考え、よかれと思って伝えています。

実は誰もそこに悪気はないのです。ここに大きな落とし穴があったということです。「押付けてしまっていた」もしくは「押し付けてしまっているかも」という自覚と認識を持たない限り、人間関係・コミュニケーションは一向に改善には向かわないでしょう。

アドバイス＝相手のためになる言葉をかける

アドバイスという言葉には、実はそのまま助言という意味を含んでいます。どちらの言葉を用いたとしても、大切なのは「相手のためになる言葉をかける」ということです。

あなたのそのアドバイスは、完全に「相手のため」になっているでしょうか。その多くは、自分の立場、会社組織からの期待からの「自分のため」のものになっていないでしょうか。完全に「相手のために」「相手のためだけに」となることはかなり難しいことですが、少しでも意識を自分や組織から「目の前の人」に傾けることが何よりも大切です。

実はちょっと見方を変えてみれば、気づくこと、わかることなのです。あなたがもし誰かにアドバイスを求めるなら、どちらのタイプがいいでしょうか？

A　自分の考えや意見、見解をしっかりと聞いてくれる人

B　何も聞いてくれず、ただただ一方的に決めつけるような言い方をしてくる人

このような選択肢だとしたら、考えるまでもなくほとんど人が「A」を選ばれると思います。人は聞いてほしいと願っています。本当に迷っていて、何をどうすることもできない状態であれば、一方的なアドバイスも時には必要かもしれませんし、そのようなアドバイスの仕方を否定するものでもないことを、付け加えておきますが、やはり「相手のためになる言葉をかける」ということを意識したならば、相手の話をしっかりと聞く、しっかりと聞いて受け止めてからでないと、そのような言葉を投げかけることはできないでしょう。アドバイスは、あなたが相手にすることではあり

ますが、一方的にするものではありません。相手が何を求めているのか、どうしてほしいのかに対しての返答こそが「相手のためになる言葉」であり、それ以外はやはり「自分の当たり前の押付け」にしかすぎないのかもしれません。

5　コミュニケーションとは相互理解

コミュニケーションの意味を知っていますか

そもそもコミュニケーションという言葉はどういった意味を持っているのか？　改めて聞かれると、意外とあいまいで漠然としか説明できない方がほとんどかもしれません。「コミュニケーション」とは、次のような意味を持っています。

・人間が互いに意思・感情・思考を伝達し合うこと。
・言語、文字その他視覚・聴覚に訴える身振り・表情・声などの手段によって行う。

では、「コミュニケーション能力」となると、どのような能力を指すでしょうか？

・人間関係において、互いの意思疎通をスムーズに行うための能力

というように出てきます。コミュニケーションという言葉を見ても、コミュニケーション能力という言葉を見ても、どちらにも共通するのが「互い」という言葉です。コミュニケーションはお互いを理解していこうという意識、方向性なくしてあり得ない、成り立たないということがわかります。

このような基本的な意味を知らずして、私たちは言葉を使っています。言葉の意味を知らずに、雰囲気、ニュアンスだけでなんとなくその言葉を使っているようなことは、実は実生活においてほとんどなのかもしれません。今一度、コミュニケーションという言葉の意味、原点に戻り、しっかり意味を把握して実践していくことが大切なのかもしれません。

人間関係・コミュニケーションはみんなが悩んでいること

この章の冒頭と同じような表現を改めて用いますが、コミュニケーションについて、学校の先生や親、もしくは近所のおじちゃんおばちゃんから何か詳しく学びましたでしょうか。

ここで確認したいのは改めて「コミュニケーションの取り方を具体的に学んできたか？　誰かが教えてくれたか？」ということです。圧倒的大多数の方は、学んではいないと思います。

人間関係・コミュニケーションが難しいのは、学んでいない、学んでこなかったことが大きな要因の1つなのです。年齢が若くても、いろんな人と衝突して、いろんな体験という学びを積み重ねた人ほど人間関係の構築、コミュニケーションが上手である傾向は高くなります。

その反面、年齢が高くても、人との衝突を避け、経験という学びを積み重ねて来なかった人は、いつまでも人間関係の構築、コミュニケーションは難しいものだと捉え、ずっと人間関係からのストレスに頭を悩ませながら生きていくのかもしれません。

つまり、教わっていなかった、学んでいなかったということは、全員にとって難しいことだったのです。難しくて当然、難しくて当たり前だったのです。この事実をまずは受け入れることが大切です。「自分だけじゃなかった。私だけじゃないんだ。みんなが悩んでいることだったんだ」ということです。悩んでいるときは、どうしてもふさぎ込んでしまって、このような悩みを持つのは自分だけかもしれない、そんな感覚を抱いてしまいがちです。

しかし、実は皆、同じような悩みを抱えながら、それを言えずにいた、相談できずにいたのです。誰に聞いていいものなのか？　それすらもわからない、わかりづらいものでした。だから、このような本が必要になるのだと、今のような時代だからこそ、こういった本が絶対に必要になると確信しています。

6　コミュニケーションは簡単で楽しいもの

人間関係・コミュニケーションは難しいものという考え方を取り外す

大切なことは、自分の意識の中に書き込まれている「人間関係・コミュニケーションは難しいもの」という文字、言葉、イメージを一旦消し去る、取っ払う、取り外してしまうことです。

難しいという大前提の下では、いくら努力しても頑張っても「どうせ無理」と言って途中で諦めてしまう。

諦めずに継続していくためには真逆の発想が必要です。

「人間関係、コミュニケーションは簡単！　楽しい！　面白い！」

まだそれが現実になっていなくても、そのような前提をつくること、イメージしてみることがとても重要です。

簡単！　楽しい！　面白い！　と思えば、自然と「やってみよう！　試してみよう！」というポジティブなエネルギーが生まれます。難しい、面白くない、楽しくない、そう思うものをやってみたい、試してみたいと思いますか？　私は絶対にやりませんね。断言できます。

楽しいイメージに対してしか、強いパワーは生まれない

ここで少し、面白い実験をしてみましょう。ご存じの方も多いかもしれませんが、ぜひ試してみてください。

自分の腕を肩の高さで水平方向に伸ばします。ひじもしっかりと伸ばします。今、ものすごく流行っている「TT兄弟」のTの字の片腕を下ろしたイメージです。

最初に「楽しいこと・面白いこと」を頭の中でイメージしてみてください。その状態のままで、近くの人に腕を下に下げるよう力を入れていただきます。あなたはそれに抵抗して、腕の水平を保とうとしてください。結構抵抗できると思います。

次に、「嫌なこと・面白くないこと」をイメージして、同じように腕を下に押してもらいます。あなたは同じように水平を保とうと抵抗してください。先ほどに比べ、全然力が入りませんよね？

もうお気づきですね。人は、楽しい・面白い、そのようなイメージが湧くことにはどんどんエネルギーが湧いてきますが、楽しくない・面白くない、そのようなイメージのものには、全く力が入りません。エネルギーが湧いてきません。いかに楽しくやるか？　いかに面白くやるか？　これが何よりも重要だからこそ、大前提を「人間関係、コミュニケーションは簡単！　楽しい！　面白い！」にしていくことをおすすめいたします。

7　価値観の違いが伝えることを難しくしている

大きく3つに分けられる価値観の違い

ここで1つ、簡単な例題を出してみたいと思います。

あなたがもし、他人に謝罪を求めるならば、次の3つの中のどれを最優先しますか？

A　誠心誠意、心からの謝罪
B　菓子折りなど、形あるもの
C　責任者、肩書のある方の対応

あなたが選んだその答えこそ、あなたの価値観を表しています。例えば「A」を選んだ方は、BやCの答えには、あまりピンとこなかったかもしれません。Bを選んだ方、Cを選んだ方も同様に、自分が選択した答え以外にはあまりピンとこなかったかと思います。

このように、人は大きく分けて「3つの価値観」の中で生きています。この価値観の違いこそが、伝えることを難しくしていました。価値観が違うということは「何に重きを置いているかが異なる」ということであり、「欲するものが全く違っていた」ということにほかなりません。この違いを知らずに会話をしていたということは、そのほとんどが相手に全く響いていなかったということになります。

価値観に応じた言い方・伝え方がある

違いがあるということは、それに合わせた「言い方・伝え方」もあるということです。前置きが長くてオチがないという人もいれば、事実だけを端的に話す人もいるし、話があっちこっちに飛びまくる人もいます。これも価値観の違いからくるものであり、個性の違いから生じるものなのです。しかし、こういった違いを知らないまま、それどころか、「自分の価値観がすべて」「みんな同じ価値観だろう」という考えのもとに生きている人が大半なのではないでしょうか。

繰り返しになりますが、個性は違う、価値観は違う、考え方も違う、そのような常識の中で、実は何一つ具体的な違いを知らなかった、知らな過ぎたのが、今の日本人なのかもしれません。

価値観、それは人の原動力

人は常にどこかで何かほしいもの、求めているものがあり、それを手にしたくて、手に入れたくて日々努力しています。先ほどの謝罪の例がありましたが、先ほどのＡからＣの答えを用いて、具体的にどのようなものを欲するのか、求めているのかを簡単に解説してみます。

Ａ　誠心誠意、心からの謝罪　→「目に見えない気持ちや思い」
Ｂ　菓子折りなど、形あるもの　→「目に見える形あるもの。結果、数字、お金、質」
Ｃ　責任者、肩書のある方の対応　→「特別感、影響力」

以上の通り、それぞれでほしいもの、望むもの、求めるものがまるで異なっていることがわかります。これが手に入ると嬉しいだろうし、これが手にできないと不平不満を口にする。相手がほしいものは一体何なのか？　それを知ってのコミュニケーションなのか。それを全く知らないままのコミュニケーションなのか。

もうすでに結果は一目瞭然ですよね。相手がほしいものの傾向をつかみながらのコミュニケーションが「相互理解」に繋がっていくということになります。

コミュニケーションは「喜ばせ合いゲーム」

極論を言えば、コミュニケーションは「喜ばせ合いゲーム」のようなものなのかもしれません。そんなゲームだと捉えたならば、なんだかいいイメージ、楽しいイメージが湧いてきませんか。喜ばせたら勝ち。たくさん喜ばせた人が勝ち。実際の勝敗はありませんが、たくさん喜ばせた人が、人生充実していなかった、楽しくなかったと思うでしょうか。わたしはそうは思いません。

8　コミュニケーションも繰り返しの練習が必要

コミュニケーションもスポーツと同じ

30ページの「価値観、それは人の原動力」という項目の中で、「一種のゲーム」のようにとお伝えしましたが、なぜゲームに例えたのか？　その理由は簡単です。絶対に「繰り返しの練習」が必要だからです。いきなり物事をうまくできる人はいません。天才と呼ばれるような方であっても、見えないところでの努力を怠ることはありません。

昨年メジャーリーグを引退されたイチロー選手を思い浮かべたら、容易に想像ができますよね。大切なのは「繰り返しの練習」なのです。コミュニケーションもスポーツと全く変わらず、やはり練習が何よりも大切なのです。

膨大な時間と労力をショートカットさせるのが個性心理學

では、どんな練習をすればいいでしょうか？　何かのスポーツをイメージしたとき、その多くはコーチという存在を身近に置きます。コーチは実際にそのスポーツをやってきた、経験と知識の豊富な方が務めることがほとんどです。

では、皆さんは人間関係・コミュニケーションの経験と知識の豊富な方をコーチとして雇おうと思いますか？　私は思いません。そのように考えたことすら今までに一度もありません。もちろん、巷ではコミュニケーションに関する講座、セミナーがあっちこっちで開催されていて、私もそのような内容で講座やセミナーを開催することはありますが「コーチ」という人を雇うだなんて現実的ではありません。

そのような中で、いよいよ私が学んだ「個性心理學」の出番となってきます。個性心理學からの知識や情報のアウトプット。これがまさに「繰り返しの練習課題」というものになってきます。個性心理學は、生年月日を用いた統計学の１つで、そのベースに世界最大の統計学と言われる四柱推命が入っています。そこから見えてくる傾向と可能性を知ることができます。

つまり、個性心理學は、経験の積み重ねから培われる大切な情報と知識を、短時間で知りえることができるのです。膨大な時間と労力をかけることなく、相手にしっくりくるだろう可能性の高い対処方法を見つけ出してしまえるのです。あとはそれを繰り返し、繰り返しアウトプットするという実践をしていくだけなのです。

繰り返し実践することで得られる、誰もがほしい○○

繰り返し実践していくために大切なのは、やはり楽しさと面白さ。そして、そこにプラスアルファとして「実際のリアルな反応」という結果が伴うことでの実感、「うまく伝わった」「しっかり伝わった」という実感と嬉しさが大切です。

最初はうまくできなくて当然です。誰だって初めてやることは上手には行きません。それが普通です。当たり前です。しかし、多くの人は「この最初のステップ」さえも怖がって足を踏み出しません。それはなぜでしょう？　その多くは「自信がないから」かもしれません。

ではここで、皆さんに1つ質問をします。初めてやることに対して、最初から自信満々でやれる人はいるでしょうか？　答えは簡単ですよね。そのような人はほとんどいません。多くの人はみんな不安です。心配です。自信満々でやれる人はほぼいません。

仮にいたとしても、その人はおそらく「過去の経験をもとに、似たような体感や体験に置き換えて判断した」かもしれません。要するに大切なのは、「経験」なんです。繰り返し実践をする最大の目的は「経験を積む」ことにあります。そして、繰り返し実践をすることで得られるもの。それこそがまさに皆さんがほしい「自信」そのものなのです。

ここで少し自信というものに触れますが、歯磨きをするのに自信がない…という方はいらっしゃいますか？　そのような人はほぼほぼ皆無だと思います。本当に大嫌いな人を除いては。そもそも、歯磨きすることに対して自信なんて？　と思うかもしれませんが、歯磨きは毎日しますよね？　食べたら磨くがもうセットになっていませんか？　このような状態にまでなって初めて人は自信を持ってそのことに取り組むことができるのです。

意識して、というよりはむしろ無意識レベルで何気なくできてしまう、やれてしまう状態こそが「自信を持って」です。つまり、自信を身に着けるために必要なのは「数」であり「回数の積み重ね」

が絶対に不可欠なのです。

9　魔法の言葉「アキラメル」

上司だからと言って命令していいわけではない

ここで少し、わたしの実体験のお話をさせていただきます。

２０１２年7月に個性心理學という考え方に出会いました。この個性心理學という考え方は、この後に細かく解説をしていきますが、個性の違い、価値観の違い、考え方の違いなどを12種類の動物キャラを用いて、簡単で面白く、わかりやすくイメージで伝える「イメージ心理学」という手法を用いています。

この個性心理學に出会ったとき、娘は5歳、息子は2歳半でした。個性心理學でいうところの、娘は虎、息子はペガサスでした。虎は生まれながらの社長さんタイプ。しっかりしていて、子育てにあまり手がかからなかった印象なのですが、息子は架空の動物ペガサス。枠にはまらず、次の行動が全く読めない。同じ両親から生まれて、こうも違うものかと頭を悩ませた記憶があります。

それがこの個性心理學で謎が紐解けました。娘は社長タイプ。しっかりしていて、命令口調は大嫌い。だからか！　だから命令すれば面白くなさそうにしているんだな。息子は架空の動物ペガサス。自由奔放で何にも縛られない、縛られたくない、というのがまさにそのまま当てはまりました。

「そうか！　個性が違ってるからなんだ」

当たり前のことなのに、その当たり前なことに気づいていませんでした。子育ての悩みが一瞬にして軽くなったのを覚えています。娘には命令口調で言わない。なぜならそう、社長タイプの虎さんだから。息子には細かく時間のことは求めない。なぜならそう、自由奔放でいたいペガサスだから。私はそう捉えるようにしました。

先ほどの私の実体験から、私は考え方を改めました。親だからといって、命令していいという考え方をやめました。というよりは、「命令していい」という意識はほとんどなかったからこそ、「命令していいわけはない」という意識を持つようにしたというのが正しい表現かもしれません。

このような実体験と、考え方の変化、意識の変化のおかげで今、中1になる娘、小学4年の息子との関係性はとっても穏やかで仲良しです。そしてこの経験と意識の変化が私の自信となり、経営者やグループリーダーからの相談に役立つことになっていくのです。

「アキラメル」それは衝撃的な言葉でした

このように、個性心理學を学び、実践していく中において、基本中の基本、土台の中の土台となっている考え方、言葉がこちらです。

「アキラメル」

これは私たちがいつも使う「諦める」とは少し意味が異なります。こちらの「諦める」は、「見込みがなく、断念する」という意味になりますが、「アキラメル」は次の言葉を短くわかりやすく覚えやすくしたものになります。その言葉とは、

『明らかに、認めて、受け入れる』

これを「アキラメル」と縮めてお伝えしています。「見込みがなく、断念する」の諦めるとは全く意味合いが異なります。個性の違い、価値観の違い、考え方の違いから「なんで？　どうして？」そのように思ったときは、ぜひ次のような言葉を唱えてみてください。

「あ！　みんな個性って違うよね！　価値観も考え方も違うよね！　仕方ないな。アキラメよ！」

コミュニケーションで重要なこと、コミュニケーション能力を高めるために重要なことは、「アキラメが肝心」という意識と「個性はみんな違っている」という事実の認識を常に持ち続けることなのです。

明らかに認めて受け入れて、断念するということ

あれ？「アキラメル」は断念することとは違いますよね？　受け入れるってことですよね？

そう思われた方もいらっしゃるかと思いますが、ここで用いた断念するとは「手放すこと」を意味しています。では一体、何を断念すればいいのか？　何を手放せばいいのでしょうか？　それは次のような感情や感覚、考え方です。

「自分はそのままで、相手を、他人を変えたい」
「他人を思うままにコントロールしたい」
「部下を従わせたい。家族を従わせたい」

このような感情や感覚、考え方を手放さない限り、よりよい人間関係の構築、スムーズなコミュニケーションの実現は程遠いもの、実現はほぼ不可能と思っていただいたほうがいいかもしれません。変えるのは、変わるのは自分自身であり、変えるべきことは、自分の個性ではなく、自分自身の見方、捉え方、考え方なのです。

少し厳しいことをお話しますが、ここで「自分には無理だ。絶対にできない」と思われた方がいらっしゃるかもしれません。今はそれでいいと思います。こういった変化を願うとき、人は大なり小なり「覚悟」が必要になりますからね。それを実践していくことでどう変わっていくのか？ どうよくなっていくのか？ それが具体的にイメージでき始めたとき、「お！ いよいよ変わっていこうかな。変えていこうかな」と心がワクワクし始めて、行動や言動の変化に現れてくることと思います。

それでもまだ「無理だ。絶対にできない」と行動や言動を変えない方、変えられない方は、ずっと人間関係・コミュニケーションで悩み続けることになるかもしれません。それは人間関係・コミュニケーション自体を諦めた、断念したということになり、よりよい関係の構築、これ以上の状態を築くことはとても難しいでしょう。

10　「アキラメル」は特別なことではない

すでに多くの人が「アキラメル」を実践されていますよね

ここで１つ、わかりやすい例えを用いて、私たちはすでに知らず知らずに「アキラメル（明らかに認めて受け入れる）」を実践していたことに気づいていただきたいなと思います。

冬に咲いていない桜の木を見て、「なんで咲かないんだ？　どうして咲かないんだ？」と嘆き悲しむ人はいないと思います。それがストレスになることもないと思います。それは、私たちの常識の中で「桜は春に咲くもの」「桜は４月に咲くもの」という認識があり、それを「明らかに認めて知っている」からです。

２月にきれいに咲いている梅の花を見ても、自分自身が桜であることを知って認識していれば、梅の花を羨ましがったり、妬んだり、僻んだりすることはありません。種類が異なれば、花や実をつけるサイクルやタイミングが全て異なっているということを、誰もが知っていますし、わかっています。

人間にもそれを当てはめればいいのです

人間もこれと全く同じではないでしょうか？　花の種類の違いは、人間の個性の違いと同じです。

咲く時期と咲かない時期があります。水をたくさんほしがる花もあれば、水はほとんどいらない花もあるでしょう。自分はこんな経験という栄養で育ったから、周りのみんなも全く同じ経験という栄養で育つだろう、という考え方は当てはまらないかもしれません。

花には「アキラメル」ができています。すでに実践できています。これが人になったからと言って、「アキラメル（明らかに認めて受け入れる）」が全然できなくなるものでしょうか。自分で「無理だ。できない」と決めてしまえばそれまでです。そこからの成長と変化はありません。よりよくなりたい、よりよい関係性をつくりたい。それを望むなら、やってみる前からの「無理だ。できない」は一旦意識からなくしてみて、できたら楽しいかも？　やれたら面白いかも？　そんな未来の面白い楽しい、そのような方向にベクトルを向けてみてください。

明らかに認めて受け入れた、その先にある大切なこと

「アキラメル」、明らかに認めて受け入れるという心構え、スタンスを持つことで、個性や価値観、考え方に違いがあることに気づけるようになる、つまり多様性に気が付けるようになっていきます。気づけることが多くなってきたとき、だいぶ他人との違いにイライラしなくなってきた自分にも気づけるようになっていることと思います。

そしてその先、「明らかに認めて受け入れる」を実践した先にもう1つ、とても大切なことがあります。それは『許す』ということです。許すという言葉を調べてみると、次のような意味が出て

きます。「さしつかえないと認める」。ただ認めるのではなく《さしつかえない》と認めるとはどういうことでしょう？　私はこのようなイメージだと捉えます。

「大丈夫。大丈夫。心配しなくていいよ」

このように、必要以上にとがめることなく、相手を否定することなく、受け止めてあげること。実はこの感覚は、あなたもわたしも、上司や家族にしてほしいことの1つではないでしょうか？

何をしても、どのようなことをしても、「大丈夫だよ！　安心してやってみればいいよ！」そのように言ってほしくないでしょうか。必要以上にとがめることをしない、つまり、やったことを否定しない、非難しない、批判しない、なじったりもしない。とてもシンプルなことですが、相手の立場になって考えてみたとき、やっぱり誰もが皆、否定もされたくなければ、非難も批判もされたくありませんよね。

しかし、一旦肩書や役職を与えられれば、管理する立場ポジションになったならば、様々な責任感からそういったことを忘れがちになってしまいます。今一度、相手の立場になって考えてみたとき、いろんなことが見えてきます。そして思い出します。自分はどうだったか？　自分が会社に入った頃の感覚、もっともっとさかのぼって、子供のころの感覚。やっぱり誰もが「認めてほしかった」「許してほしかった」そのような欲求を常にどこかで抱いていたと思います。

もし、心に器があるとするならば、認めてほしいという器、許してほしいという器、これがまだまだ全く満たされた状態に達していないのが、現代社会に生きる私たちなのかもしれません。その器が満たされていないからこそ、自己肯定感の低さに繋がり、自信のない、自信の持てない人たちが増えたのかもしれません。

だからこそ、誰よりも何よりも許してやってほしい、許してあげてほしい存在が『自分自身』なのです。日本人は本当に勤勉で真面目な国民です。もしかすると、その点で日本はダントツ世界一なのかもしれません。そんな根強く心の奥底にある日本人的な気質が、「みんなと同じように」という一種の魔術や催眠術のような、そんな暗示にかけられたかのように育てられてきました。私たちの両親や祖父母の多くは、もちろんそのときは悪気など一切ないだろう純粋な心で「みんなと同じように」を願ったのだと思いますし、そう思いながら教育をしてきたのだと思います。

その結果として、人と違う、他人と違う部分を否定し注意し、否定され注意された私たちは、同じようにできない、やれない自分を「こんな自分はダメなんだ」と自己否定をし、その結果、自分自身を許さない、許せないようになったのかもしれません。自分を許せない人、認められない人が他人を認め許すことはとても難しいことです。自分を責めている人ほど他人を責めてしまいがちです。まずは誰よりも何より『自分自身を許してあげる』ことが大切だと考えます。

このような現代社会だからこそ『許す』というテーマを心に大きく掲げることで、よりよい人間関係の構築、スムーズで円滑なコミュニケーションの実現、そして何よりも実はとても大切な「自分という存在とのコミュニケーション」にも役立てながら、自己実現に向けて楽しく共に「アキラメル」を実践していけることを願っています。

第2章　個性心理學というコミュニケーションツール

1　個性心理學を知ればどう変われますか

人間関係に関するあらゆるストレスに効果を発揮します

・彼氏、彼女とうまくいかない…
・夫婦関係がギクシャクしている…
・好きな人にいい印象を与えたい！
・新しい友達がなかなかできない…
・嫁姑のストレスをなくしたい！
・会社での人間関係をよくしたい！
・子供の個性を伸ばしてあげたい！
・嫌な人や苦手な人とトラブルなく過ごしたい！
・子供との関係を改善させたい！
・自分のことを理解してもらえない…
・コミュニケーション能力を高めたい！
・部下や後輩を上手にコントロールしたい！

・・・などなど

なぜこのような効果が期待できるのか、個性心理學の基礎を知るとその理由がわかるでしょう。

2　あなたは何を望む？　それが見えてくるのが個性心理學

そもそも個性心理學ってなに

第1章では、具体的な情報やノウハウに入る前に、「意識を変える」「見方・捉え方・考え方を変えてみる」という、土台となる部分をお伝えさせていただきました。第2章からは、いよいよより具体的な内容に入っていきます。そこでまずは私が学び実践している「個性心理學」に関してお伝えさせていただきます。

１９９９年から２００５年くらいにかけて大ブレイクした「動物占い」はご存じでしょうか？その基礎になっていたのがまさにこの「個性心理學」になります。イメージ心理学の手法を取り入れて、個性の違いを12種類の動物キャラクターを用いて、楽しく面白くわかりやすく覚えやすくしたもの、それが個性心理學です。

動物占いの基礎になった個性心理學。そして、個性心理學の基礎になっているのは、中国に古くから伝わる「四柱推命」や密教の経典の1つである「宿曜経」です。12種類の動物キャラクターに陰陽五行の思想がプラスされ、動物キャラクターが60キャラにまで細分化されているのが個性心理學の大きな特徴であり、四柱推命のスタートの地、中国に逆輸入されているほどで、今では世界14か国で活用されています。

占いですか？　とよく聞かれます

皆さんはすでにお気づきの通り、中国の四柱推命は私たちの生年月日を活用します。生年月日を使って、その人の個性や価値観など、様々な傾向と運氣（バイオリズム）を割り出すため「占いですか？」とよく聞かれたり、そう思われたりすることが多々あります。占いと言われれば、占いなのかもしれません。

そこで出てきた診断結果を「1つの傾向と可能性」と捉え、自分の個性、価値観を知るきっかけにするのはもちろんですが、そこで、一度他人にベクトルを向けてみることで、相手のことを理解する、相手の傾向と可能性を知る大きな手段として、さらにはそこから「どういえば伝わるのか？」「どんなやり方をするのか？」といった具体的な対処方法までが見えてくる。

個性心理學いわば、よりよい人間関係の構築、よりよいコミュニケーション（相互理解）のための実学であり実践学という立ち位置にあるものだと、私は考えています。

3　コミュニケーションの共通言語としての個性心理學

個性の共通認識が持てる

個性を動物に当てはめてみる。これが個性心理學の最大の特徴であり、大きなメリットだと考えます。なぜなら、小さい子供でも動物はイメージすることができます。年代はもちろん、国や人種を超えて、共通の「イメージ」をつくり出すことが可能だからです。何よりも覚えやすい、わかりやすい、活用していて面白いし楽しい。私は個性心理學を「コミュニケーションの共通言語に」と考えています。この後に解説する「人間関係3分類」ＭＯＯＮ（月）、ＥＡＲＴＨ（地球）、ＳＵＮ（太陽）この3つの天体を使って価値観を表したり、動物キャラに当てはめたりしていく中で、「わたしＭＯＯＮだから」とか「わたし猿だから」と言えば、細かく説明をしなくても、自分が持つ個性を簡単明瞭に伝えることができます。自己紹介もとても楽しく面白く簡単にできるようになります。

気を付けたい2つのこと

しかし、ここでの大前提として、次の２点、気を付けていただきたいことがあります。

①個性は決めつけるものではない。

②個性に絶対はない。

いくら生年月日が同じだとしても、両親が違えば、教育も違う。それまで出会ってきた人たちと、すべての環境が異なります。個性は後天的な環境の影響を受けて、どんどん変わり始めます。土台、ベースは同じ中でも、個性が強まる部分、個性が弱まっていく部分など、多種多様に変化していきます。そのような中での「可能性の高い１つの傾向」として捉え、利用活用していくのが個性心理學なのです。

4　自分を理解できた個性心理學

ずっと自分を否定し続けてきた人生

自分の個性にいつも「なんで？　どうして？」という疑問ばかり抱いていました。どんな自分に疑問を抱いていたか？　それは、

・とても子供っぽい。（個性心理學に出会ったときは37歳）
・面白いか？　面白くないか？　楽しいか？　楽しくないか？　だけで判断してしまう。
・具体的な数値目標を与えられても、それを絶対にやり遂げるという気持ちがほぼない。

それが逆にプレッシャーとなり、仕事が面白くなくなってしまう。

大学卒業後、地元青森県でＯＡ機器販売会社に就職。飛び込み営業で契約を取ってくる。ノルマもしっかりある。しかし、ノルマを絶対に達成してやるという気持ちがほとんどなく、成績はムラだらけ。面白ければ売る。楽しければ誰よりも売る。気持ちの切り替えにとても時間がかかるタイプで、飛び込み営業で断られては、一件一件ショックを引きずり、そのショックを積み重ねていく毎日。

月一の営業会議での次月の見込みを発表する際には、その数字の根拠、理由が明確に説明できず、心の中では常に「なんとなく」という感覚ばかり。これでは会議になりません。

実はこれらすべてが「自分の個性から来るものそのものだった」ということを、個性心理學を学

んだことによって明らかになりました。ノルマ大嫌い、プレッシャー大嫌い、いつまでにと、期限を切られることが大嫌いな個性。それらすべてが「面白くない」というスイッチを入れ、やる気がなくなってしまう傾向にある。そして、数値目標とそれを何が何でも達成させてやるという意識に乏しい（結果にこだわらない）可能性があることを知りました。

そんな自分をずっとずっと子供っぽいと捉えていました。早く大人にならなきゃ、1日でも早く大人にならなきゃダメなんだ。そんな意識を持ちながら、自分の個性を認めず受け入れず、否定して生きてきました。

個性心理學に救われた自分

私は、この個性心理學という考え方との出会いによって救われました。子供っぽさも、ノルマ嫌いも、面白いか？　面白くないか？　で判断するのも、すべてがすべて自分でした。それこそがまさに等身大の自分自身でした。持って生まれた個性そのものが子供っぽかったのです。大人になればこの感覚は消える、大人になれば、この子供っぽさはいずれなくなる。だから早く大人に、1日でも早く大人になるんだと、そう願いそう思って生きてきた自分は、一生この子供っぽさは消えないんだ、消えてなくなることはないんだと悟りました。

正直言うと、とてもとっても安心しました。間違ってなかったんだ。何も間違ってはいなかったんだ。それが自分、それが私そのものだったのだと、アキラメル（明らかに認めて受け入れる）ことができました。

皆さんはどうですか？　自分の中に「こんな自分でいいのか？　こんな自分で大丈夫なのか？」そんな受け入れがたい部分をお持ちではないでしょうか。

それもまさにあなたの個性です。大切な大切な個性の一部でした。知らなかったからこそ、否定的に見てしまう個性。わからなかったからこそ、他人と比べ劣っているように見える個性。どれ1つとっても、すべて自分自身が生まれ持った大切な個性でした。

それをまずは知って認めて受け入れる。まずは誰よりも何よりも、この個性心理學という考え方を通じて、自分自身を知ってほしい。認めてあげてほしい。救ってあげてほしいなと思います。それがスタートです。それなくして、よりよい人間関係、よりよいコミュニケーションは成り立たないと、私は断言します。

5　人間はそもそもそんなに単純な生き物ではない

人間はそもそも多面性を持っています

あなたはちなみに、プラス思考でしょうか、マイナス思考でしょうか？　それも実は個性です。段取り重視のやり方をする人、臨機応変なやり方をする人、これもすべて、皆さんが生まれ持った個性から来ている部分がほとんどです。そして自分自身の中には、プラス思考もマイナス思考も同時に存在していたり、段取り重視な自分と、臨機応変な自分とが共存しているような組み合わせもあります。そのため、自分自身が時々わからなくなります。わかりづらくなってしまいます。理解不能に陥る場面すら出てきます。追い込まれたとき、ピンチ、そういったときに出てくる「裏の顔」。時と場面でいろんな自分が顔をのぞかせるため、どんどん自分がわからなくなってきます。

つまり、１人の人間の中に存在する個性は１つではないということ。人間はもともと最初から多面性を持っているということです。それを簡単にわかりやすく理解する、いつどんなときにどんな自分が出てくるのかを、理解し把握しやすくするのがまさに「動物キャラクター」なのです。

12種類の動物キャラクターが本当の自分と出会わせてくれる

わたしの動物キャラクターは「ひつじ」です。ひつじと聞いて、皆さんは何を想像されますか。群れているイメージが浮かびますよね。群れていることから、仲間意識が強いというイメージも浮かぶかもしれません。ひつじという動物は、群れが襲われても、一頭が犠牲となり、そのほかを守るという習性があるようです。自分が食べられているその隙に、ほかの仲間を遠くに逃がす。

わたしにも似た感覚があります。自分が言わなければ丸く収まる。自分が出ていくことによって、解決から遠ざかるのであれば、出ることを控える。自己犠牲心というか、我慢してしまうとか、そういった感覚を強く持っています。そこまでしても「和を乱したくない」と思うのがひつじというキャラを持つ人の大きな傾向の１つです。

〔図表２　１２分類キャラクター円グラフ〕

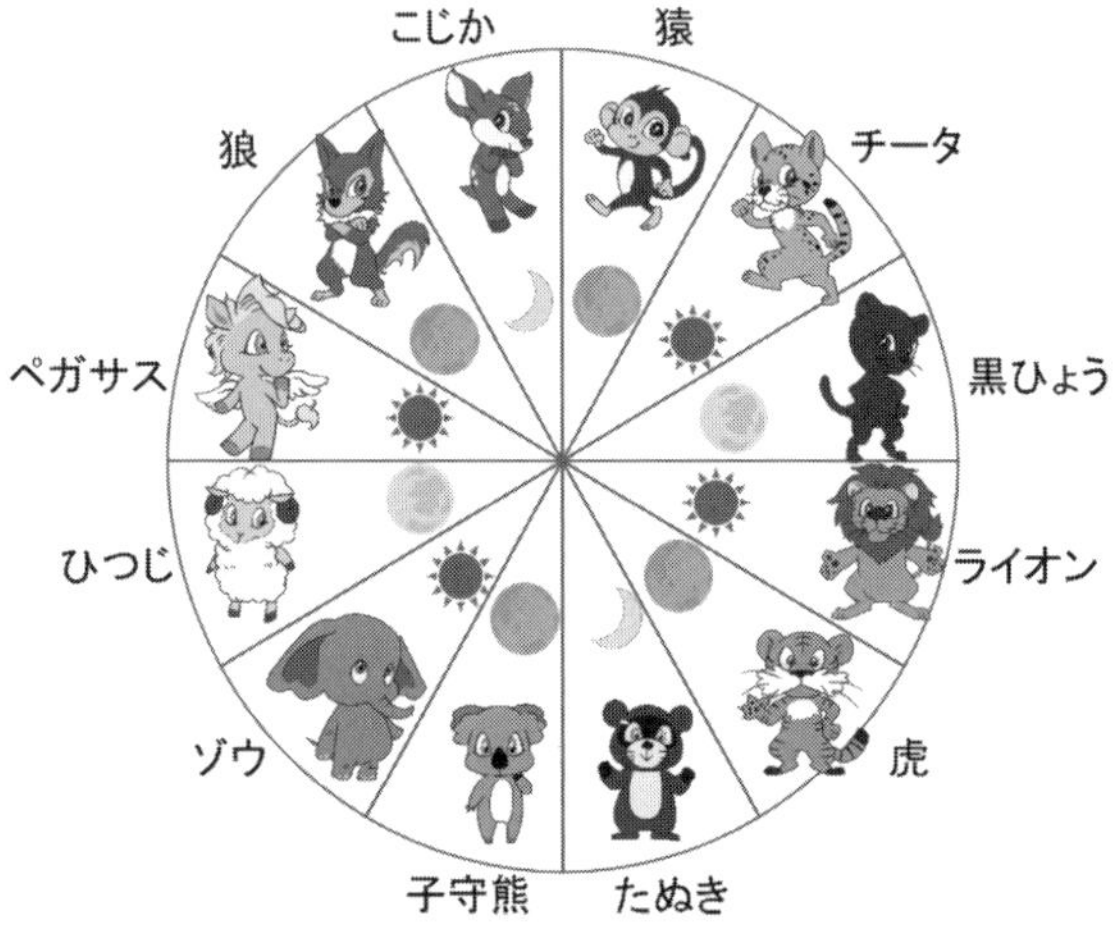

ここでいよいよ、全12キャラを皆さんにお披露目したいと思います。

狼、こじか、猿、チータ、黒ひょう、ライオン、虎、たぬき、子守熊（コアラ）、ゾウ、ひつじ、ペガサス。全12種類の動物キャラクターが存在し、これらを使って皆さんにお伝えしています。ひらがな表記、カタカナ表記、漢字表記にももちろん意味があり、そして架空の動物「ペガサス」というキャラクターまで入っています。

本書を通して個性を学んでいく中で、表記の違いはもちろん、ペガサスという架空の動物の個性も触れていきます。おそらくそのときは「そういうことか。なるほど納得」と多くの方々が頷かれることと思います。

動物キャラクターが異なれば、当たり前という感覚と前提が異なってきます。この「当たり前」という感覚と前提は、実はみんながみんな違っていたのです。そのことを知っているようで知らなかった。ここが人間関係やコミュニケーションの難しさをつくりだしていました。私はひつじと聞いて、とても納得し、いろんなことが腑に落ちました。そしてこれは「ひつじというキャラを持つ人の共通点」であるということに気づかされました。

ぜひ皆様も、職場の中で、友人知人の中で自分と同じキャラクターを持つ人を探してみてください。なぜかたくさんの共通点があり、驚くほど価値観も似通っていたりすることに気づきます。気づくこと気づけること、これがどんどん面白く楽しくなってきたとき、コミュニケーションは煩わしいものという感覚が薄まっていることに気づくでしょう。

12種類の動物キャラクターが違うことから起こることのような出来事

実用書という分野の本として書かせていただいているにも関わらず、このようなことを皆様にお伝えするのはいかがなものかと、私自身感じてはいますが、あえてここでお伝えしたいことがあります。

様々な本を手に取り、成功哲学を学んだり、ノウハウを身につけようと片っ端から本を手にする方がいらっしゃいます。私はこの講師という仕事をするようになってから、初めて本を読むようになりました。それまでの私にとって、本はある意味「睡眠導入剤」のようなもので、読むとすぐに眠くなってしまいました。

講師になり、皆さんにどう伝えるかを日々考えていく中で、本にある内容や表現がとても自分に役立つことを知り、そういった実感が伴ったおかげで、本を読むようになりました。それでもやはり、本を読み進めるとこういった感覚が出てくるのです。

「このやり方は、わたしにはできないな」

「このノウハウは、私には全くピンとこないな」

できない自分が悪いのでしょうか？　ピンとこない自分が勉強不足だからでしょうか？　実は答えは簡単です。本に書かれている情報、ノウハウの多くは「著者の個性から来るもの」だからです。その人が持つ個性から生まれた「やり方」であり「方法」であり「ノウハウ」がほとんどなのです。似た個性を持つ方にはとても響くことになります。全く異なる個性、真逆の個性を持つ人にはうんともすんとも来ません。ピンと来ません。そういった本はおそらく、早々に読むことを断念し、また別の本を手に取るのです。

6　人間関係3分類〜動物キャラから見えてくる価値観の違い

人間関係3分類＝MOON・EARTH・SUN

先ほど、12類の動物キャラの名前を皆さんにお伝えさせていただきました。そこで1つ、気になる点がありました。「表記の違い」です。ひらがな表記のキャラ、カタカナ表記のキャラ、漢字表記のキャラ、これらの表記の違いはそのまま「価値観の違い」を表しています。そしてそれら3つのグループにそれぞれ次のような名前を付けています。

・ＭＯＯＮグループ（こじか、黒ひょう、たぬき、ひつじ）☆ひらがなで表記
・ＥＡＲＴＨグループ（狼、猿、虎、子守熊）☆漢字で表記
・ＳＵＮグループ（チータ、ライオン、ゾウ、ペガサス）☆カタカナで表記

そしてこれら3つの分類は「人間関係3分類」と呼ばれ、価値観の違いはもちろんですが、力関係・影響力の違いまでも見て取ることができます。

ＭＯＯＮグループ（こじか・黒ひょう・たぬき・ひつじ）の特徴

イメージは「いい人チーム」。何よりも相手の人柄を重要視しています。月と言えば、どのようなイメージを持たれますか。自ら光輝くことはありませんが、太陽の光をうけて、地球の夜空をほわっとした優しさで照らしてくれています。温和で少し控えめなＭＯＯＮグループは、一番日本人らしい気質に近いグループと言われています。

大きな特徴は、常にどこかで周りに対する配慮、気遣いをしているようなイメージ。つまり、このグループだけが「相手軸」なのです。モットーは「あなたのため、みんなのため。世のため人のため」です。この後に出てくるＥＡＲＴＨグループ、ＳＵＮグループとは大きく異なる部分がこの「相手軸」になります。

争いごとは大嫌いです。相手を傷つけたくないですし、自分もどこか嫌われたくないと思うため、どこか本音が言えません。ＮＯと意思表示するのも苦手かもしれません。いつも相手の意見を先に

聞き、相手に合わせようとします。そういった配慮、心遣いから、様々な人間関係の潤滑油的な存在となり、まさに月のように周囲を和ませてくれます。

このグループの価値観、つまり、ほしいものであり、望むもの、期待するものは「ありがとう。助かったよ」そんな心遣いです。目に見えない気持ちや思いです。何よりも、そのような気持ちや思いをしっかりと持ち、それをしっかりと伝えてくれる「人柄」に重きを置いています。

「ありがとう。助かったよ」このような言葉をかけてほしい、このような言葉を言ってほしいからこそ無駄が多いと思われがちなグループでもあります。頼まれてもいないのにやる気遣い、頼まれた以上にやってしまう気遣い。ちょっぴりお節介なところがあるかもしれませんが、この部分が別なグループから見たとき「無駄が多い」と思われてしまうところです。

いずれにしても、このグループは愛情や友情、使命感、理想などといった、目に見えないモノの価値を見出す人たちだということをぜひ知っていただけたら嬉しいです。

EARTHグループ（狼・猿・虎・子守熊）の特徴

イメージは「しっかり者チーム」。EARTH＝地球ということで、まさに「地に足がついている」。どのようなことに関しても、現実的に考える個性の持ち主です。何よりも大切にしているもの、重要視しているものは結果です。個性心理學はただ単に地に足がついているイメージから「EARTH」と名付けただけではなく、その文字にも意味合いを持たせています。

ＥＡＲＴＨの「Ｅ」はエコロジーで、ムダを極端に嫌います。時間、お金、話など、何事においても効率よく、段取りよく進めたいと考えています。そしてもう1つ「Ｅ」はエコノミーを表しています。経済的な観念がしっかりとしている。経済はお金や物の流れ、お金も物も「目に見えるもの」。ほしい結果はできるだけ「形あるもの・目に見えるもの」でほしいグループでもあります。

真ん中の「ＡＲＴ」は字のごとくです。芸術性、創造性に長けていて、美意識が高い。そして、ＡＲＴの最後の「Ｔ」はTime is Money.（時は金なり）を表し、時間もお金もどちらも「数字」を使って表現します。つまり、様々な説明は、数字を使って節系をしてくれるとわかりやすい、理解しやすいグループだということです。また、やはり様々な「結果」は数値で表されるので、数字、数値へのこだわり＝結果へのこだわりとなってきます。そして何よりも結果を出すことにこだわるために、段取り重視になります。納期から逆算してペースを組み立てていきます。だからこそ、このグループは「ペースを乱されること」を嫌います。強いストレスを感じます。何かに取り組んでいる際には、邪魔をしないでほしいと、心で願っています。

最後の「Ｈ」はヒューマンで、人間を意味しています。ＥＡＲＴＨの人は、自分と他人を明確にきっちりと分けています。そのため「比較」しやすい個性でもありますので、私は比較の「Ｈ」と皆様にお伝えしています。無駄なく効率よく進めたい。そして結果にもこだわるため、様々な手段方法の「比較・検討」なくしては、ことが進まない傾向にあるかもしれません。また、勝ち負けという結果にこだわるため、ライバルの存在で頑張れたりするタイプでもあります。

ＳＵＮグループ（チータ・ライオン・ゾウ・ペガサス）の特徴

イメージは「天才チーム」。私が個性心理學をお伝えするとき、「みんな誰もが天才ですよ」とお伝えしますが、このグループはある意味、天才的な「ひらめき・直感」「独創性」を兼ね備えたグループである可能性が高いかなと捉えています。

太陽は、その存在自体が明るく強い光を放っているように、自身も常に明るく光り輝いていたいと思っています。日本だけではなく、この世界、地球全体を照らしているので、「インターナショナル」というキーワードを持っています。

ＳＵＮグループは、自分の中に「スイッチ」を持っているようなイメージです。ＯＮとＯＦＦがハッキリしている。これがムラの多さに繋がります。ＯＮのときは、勢いと集中力で一気に物事を片付けてしまいますが、ＯＦＦのときは、一向に物事は進みません。夏休み、冬休みの宿題は、「最初か最後の１週間」にまとめて一気に終わらせる。

そのような取り組み方をしやすいのがこのグループの特徴で、いつもどこかギリギリでないとスイッチが入らない、切羽詰まらないとやる気が出ない、などといった個性を持ちやすい傾向にあります。

束縛される環境に弱く、自由奔放に「放任主義」で育てていくのが成功のカギです。厳しく叱って育てることは逆効果となってしまいます。子育ても社員の育成も、このグループに関しては「褒める・おだてる・任せる」この３つを心がけるといいでしょう。

このグループが大切にしているのは「特別感」であり、「いい影響を与えられる存在でありたい」ということです。つまり、目指す先は「大物」であり「成功者」です。そのため、常にチームやグループのリーダー的存在であることが多く、皆をガンガン引っ張っていくような気質を持っています。

皆さんの周りのリーダーを思い浮かべてみてください。「勢い」と「ノリ」がよくないでしょうか。まさにＳＵＮグループはそんなムードメーカー的な存在なのです。私も日々、講座やセミナーを開催していますが、ＳＵＮグループの方がいないときの講座やセミナーは、イマイチ盛り上がりに欠けるなと、感じるくらいです。

ＳＵＮグループの解説の冒頭に、天才的な「ひらめき・直感」とお伝えしました。このグループの特徴は何よりも「直感」を重んじるということ。直感重視タイプであるということです。常に直感で判断し、行動する傾向にあります。そのため、このグループは「察する能力」に長けています。そのため周りには、「言わなくてもわかるよね」「それくらい察してほしい」ということを相手に期待してしまう傾向にあるかもしれません。

7　ヒューマンリレーション（じゃんけんの法則）

ＭＯＯＮ・ＥＡＲＴＨ・ＳＵＮの３分類とヒューマンリレーション（じゃんけんの法則）

先ほど、３つのグループに分けて価値観の違いをお伝えしました。人間には３つのグループがあるということはご理解いただけたかと思います。皆様の大切な家族、そして職場の上司、同僚、部下、気の合う友人知人、様々な方を調べてみると、見事に当てはまっていることに気づかれるでしょう。今まで説明ができなかった違いが、これでより明確になったかと思います。

〔図表3　人間関係3分類のヒューマンリレーション（じゃんけんの法則）〕

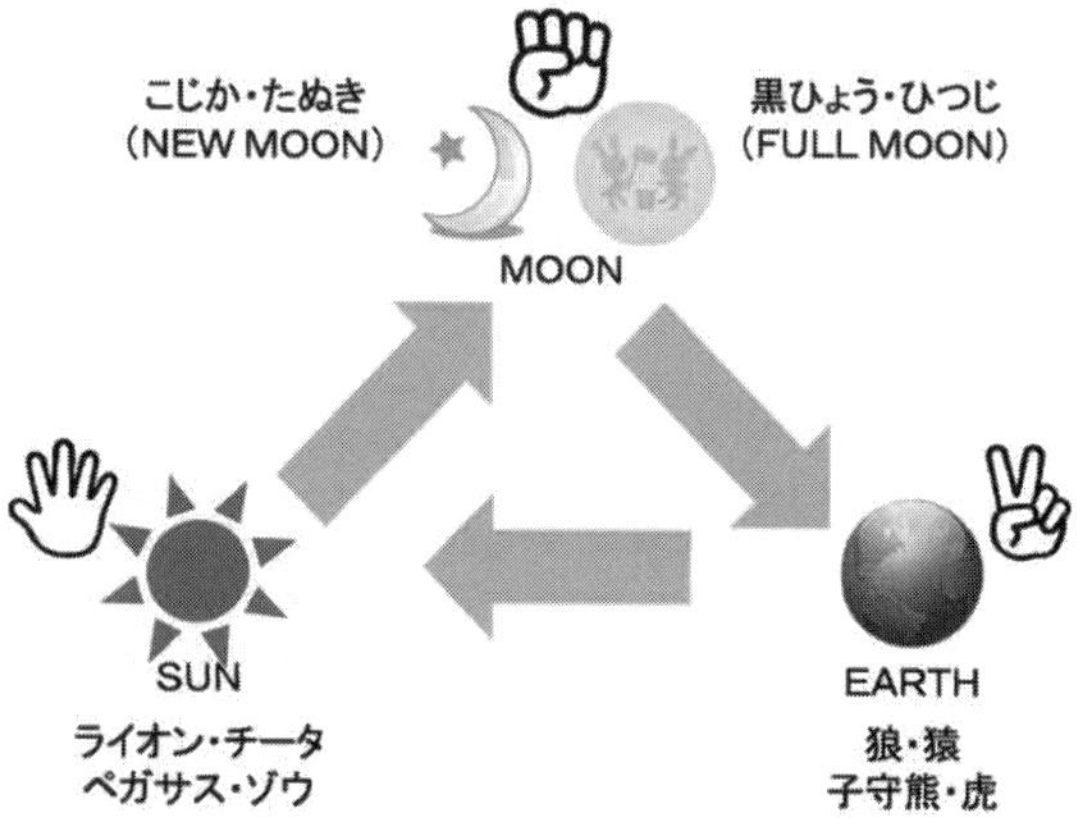

しかし、まだまだ驚くべきポイントがあります。この3つのグループにはまさにじゃんけんのような力関係が働いており、これがコミュニケーションに重要な作用をもたらしています。相手を動かしやすい関係なのか、逆に動かしにくい関係なのか、まさに物理学の作用・反作用の法則のように、明らかに作用しあっていることがわかります。

図解にあるように、ヒューマンリレーションの法則は「じゃんけんの法則」とも呼ばれています。

「グーのMOONはチョキのEARTHを動かしやすく、チョキのEARTHはパーのSUNを動かしやすく、パーのSUNはグーのMOONを動かしやすい」

というように、目には見えない「影響を与え合う」

力の関係性が存在しているのです。

じゃんけんと同様、１人勝ちはできません。三すくみの法則がそこに働いています。

皆さんも実は、こういった関係性には気づいていなくても、なんでだろう？　どうしてだろう？　ということは感じていたはずです。例えば、Aさんに言われたら、なぜか素直に言うことを聞けるけど、Bさんに言われたらなぜかイラっとして、話を聞くどころではなかったりするかもしれません。それがまさにこの「ヒューマンリレーションの法則（じゃんけんの法則）なのです。

相手が聞きやすいようにと、言い方を相手に合わせていくという方法も1つの有効な手ではありますが、それよりも実際は、伝えたい相手に合わせて、話し手を変えていくことのほうが簡単で効果的かもしれません。同じことを伝えているように見えても、やっぱりなぜか伝わり方が異なってきます。全く聞いていただけなかった話も、興味すら持ってもらえなかった話も、伝える人、話し手を変えてみることで「あれ、本当に？」と思うほど、意外に簡単にスムーズに話が進んでいくことを、今後目の当たりにするでしょう。

バランスよく3分類が存在することが理想

三すくみの法則が成り立っているということは、どれか1つのグループが欠けてしまうと、話が一方通行になってしまいます。つまり、力関係のバランス、均衡も崩れてしまい、様々な不平不満が出始めます。仮に、３つのグループがすべて組織に存在したとしても、あまりにもその人数に差がありすぎると、やはりバランスは悪いかもしれません。しかし、ここにばかりフォーカスしすぎることは非現実的ですので、まずは現状を把握するという主旨で調べてみるといいかと思います。

ちなみにですが、極端な例をここで挙げてみます。

MOONグループは理想を語りたいタイプ。MOONばかりの職場だと、雰囲気はとてもいいのですが、肝心なことが決まりにくい。EARTHグループはいかに結果を出すかを考えるタイプ。EARTHばかりだと、何よりも結果が優先されるため、達成できるような現実的な目標設定になりすぎ、また競争意識が高く、殺伐とした雰囲気の中で、どこか冷たい印象になります。

SUNグループはひらめき直感で話すタイプ。SUNばかりだと、各々のひらめきと直感とで伝えたいことを伝えて、相手に話は聞いているようで聞いていなかったりするため、全く話はまとまらず、方向性だけで進んでしまうため、具体性に乏しく、統制が取りにくくなります。

8　役目役割に応じた仕事の進め方

価値観の違いは役目の違いでもある

3つのグループ、MOON・EARTH・SUNは、それぞれに価値観が異なっています。ということはつまり、役目役割も異なってくるということになります。ではここで、実際の役目役割と、それを活かした仕事などの流れに当てはめてみたいと思います。

①まずはＳＵＮグループ。持ち前の直感ひらめきで「アイデア」を生み出します。できる、できないは関係なく、束縛が嫌いという個性から生まれる常識に囚われない奇抜なアイデアを引っ張り出します。
②次はＭＯＯＮグループ。「世のため人のため」が口癖のＭＯＯＮは、そこに様々な理想とコンセプト、ストーリーを盛り込みます。ＳＵＮのアイデアをベースに「こんなこともしてみない？あんなことも取り入れてみない？」ここでのポイントは、ＳＵＮグループと同じくできる、できないは関係ありません。みんなが喜び、笑顔になるようなアイデアを上乗せしていきます。
③そしてＥＡＲＴＨグループ。何よりも「結果にこだわる」グループですので、いつまでやるかという納期と、どんな結果を出すかという目標の設定をするのが役目です。ＳＵＮとＭＯＯＮの考えをベースに「今できること・今やれること」に焦点を絞り、いかにして、どうやって目標設定をクリアするかを考えます。そして、結果を出すための行動をします。
④実は③で終わるわけではありません。ＳＵＮにはまだまだ重要な役目役割があります。持ち前の影響力を活用した「発信する・拡散させていく」という仕事が残されています。いくらいいアイデアを持っていたとしても、誰も知らないままではビジネスになりません。ＳＵＮの勢いとノリとで、周りにどんどん伝え広めていく。束縛が嫌いなＳＵＮなので、事務所にずっと閉じこもっているのも性に合わないかもしれません。外に出て、いろんな方にお伝えする。持ち前の影響力をここでフルに発揮する。

そして、またMOONに戻りさらなる理想、コンセプト、ストーリーを盛り込み、EARTHへと繋がり次なる目標を設定し、具体的な行動と結果を積み重ね、よりよいものにしていく。これをどんどん回転させていくようなイメージで仕事を進めたとき、自分が持つ価値観から来る「役目役割」を、より強く実感できるようになるかもしれません。

自分の役割がわかれば、存在意義・存在価値に気づける

そのような流れで仕事を回していくと、役目役割が明確になっていますので、自分の存在意義、存在価値にも気づけます。得意なことを活かせるので、会社に組織に必要な人財だという認識も高まるでしょう。ここで勘違いしていただきたくないのは、発信・拡散に長けたSUNグループのみが営業的なことをするのではありません。基本に戻って考えると、自分の価値観がよりしっかり伝わるのは、同じ価値観を持った相手であるということです。

ここでお伝えしているヒューマンリレーションの法則（じゃんけんの法則）、これを活用して、自分が得意なターゲットを絞り込めば、それぞれがそれぞれの結果を出していくことが可能です。

・自分がMOONの場合　↓　MOONかEARTHが対象。
・自分がEARTHの場合　↓　EARTHかSUNが対象。
・自分がSUNの場合　↓　SUNかMOONが対象。

わざわざ苦手な人、話が通りにくい人をターゲットに選ぶ必要はありませんからね。この個性心

理學を１つの話題、きっかけにしながら、相手はどんな価値観を持った人なのかを、雑談の中から情報収集をしていく。相手に合わせた言い方はもちろん、場合によっては、相手に影響を与える側のグループの方と同行しながら話を進めていく。

以前、私はＯＡ機器の営業をしていましたが、そのときにこの知識をもっとしっかりと学んでいれば、全然違う結果を出せたかもしれない。そう考えることがありますが、この世に「たら・れば」はあるようでありませんからね。

目には見えませんが、体感することができる、実際の今までのやり取りから感じとることができるこのような法則性が存在するならば、信じる？　信じない？　それを一旦白紙状態にしてでも、活用しない手はありません。人間関係、コミュニケーションをよりよくすることはもちろん、ビジネスにも大いに活用できるのが個性心理學なのです。

9　行動パターンを知る

大きく2つに分かれる行動パターン「目標指向型」と「状況対応型」

実は、今までの文章の中に、すでに行動パターンを表す言葉が、幾度も用いられていました。お気づきでしたでしょうか。段取り重視と臨機応変という表現です。個性心理學では、動物キャラによって、この行動パターンの傾向も知ることができます。

人間の行動パターンは大きく2つに分類されます。「目標指向型」と「状況対応型」です。この2つは、考え方も意思決定のメカニズムも、そして行動パターンも大きく異なり、あらゆる場面において対照的だと言えます。東洋の思想にある「陰陽説」の通り、陽と陰、男性と女性、天と地とのように両極をなしています。互いに強く惹きつけ合うと同時に、とても強く反発し合うこともあります。この真逆の2つの個性が、対人関係における最も大きなストレスの原因であると言っても過言ではありません。

●目標指向型（狼・猿・虎・子守熊＋黒ひょう・ひつじ）

このタイプはまさに、「段取りが命でありすべて」のようなイメージかもしれません　目標を定め、綿密な計画を立てて、その通りに実行するタイプです。そのため、まずは「目標設定」がないと動けません。頑張れません。目標を達成しようとする能力と意識は高いのですが、「いつまでに」という期限が定まらないと動けません。「いつまでやればいいのか」「いつまで頑張ればいいのか」「いつまで結果を出せばいいのか」これが決まると動き出すことができます。また、計画通りに実行したいという思いが強く、そして計画通りに実行できたことを楽しい面白いと感じる傾向にあるため、急に予定が変更になったり、約束の時間に相手が遅れるなど、予定外想定外のことが起こると、すごくストレスを感じます。自分のペースをとても大切にするため、ペースを乱されたくないのです。

人間関係においては、常に「本音で勝負」というイメージです。本音でモノが言える関係が理想です。「ムダが嫌い」という意識も強いので、心をオープンにして、本音で話をすることがいいことだと考えています。そのため、どうでもいい人には本音本心は語りません。

また、恋愛では、心と体とを分けて考えることができる傾向にあるので、単なる浮気は生理現象として考えます。しかし、心の浮気はＮＧです。

●状況対応型（チータ・ライオン・ゾウ・ペガサス＋こじか・たぬき）

このグループは「臨機応変」「行き当たりばったり」のイメージです。細かく段取りを決めるわけではなく、大切なのは「大きな方向性」です。方向性さえ決まれば、あとは臨機応変に対応しながら、よりよいものを目指していこうというタイプです。決めたとおりに進むのが嬉しい目標指向型に対して、状況対応型は計画通りに進まなくてもストレスにはなりません。「いつまでに」という期限を決められると、それが逆にストレスになり、やる気を失わせる原因となります。

目標を何が何でも達成するという意識よりも、成功願望のほうがより強く、突発的な出来事、イレギュラーな対応、トラブルの対処など、そのようなときほど異常に燃えます。ひらめき、直感、アイデアを駆使し、グッドよりもベター、ベターよりベストなものを見つけ出そうとします。結果よりも過程、プロセスを重要視する傾向にあります。

人間関係においては、本音で語り合うことが苦手な傾向にあり、対人関係はどうしても建前となってしまいがち。ひらめき・直感を重視する傾向にあるため、もしかすると、時と場所と会っている人が異なれば、思うことも感じることも違うかもしれない。それがどこか「自分の本音がわからない」という感覚をつくり出し、本音を言うのが苦手なのかもしれません。しかし、面白いことに逆にどうでもいい人には本音が言えるというタイプでもあります。恋愛では、心と体は一体だと捉えているので、SEXはハートに直結しています。だから、心はもちろん、体の浮気もNGです。

10　心理ベクトルを知る

心理ベクトル「未来展望型」と「過去回想型」

個性心理學では、12分類円グラフを用いて様々な特徴をお伝えしています。心理ベクトル「未来展望型」と「過去回想型」は、この円グラフを上半分と下半分とに分けて見たときに、その特徴がハッキリと見えてきます。よく見ていただくと、上半分の未来展望型はすべて身軽で俊敏なイメージの動物キャラで構成されています。反対に、下半分の過去回想型は、群れをなしていたり、なかなか動かなかったり、大型の動物たちで構成されているのがわかります。

また、個性心理學のベースとなっている四柱推命には十二星運というものがあり、それが個性心理學では12種類の動物に置き換えられていて、さらにはそれらが人間の一生、人間の成長過程に置き換えられて「精神年齢」のようなものをつくり出しているイメージです。これを私たちは「人間の一生のエネルギーサイクル」と呼んでいます。

〔図表４　心理ベクトル　未来展望型と過去回想型〕

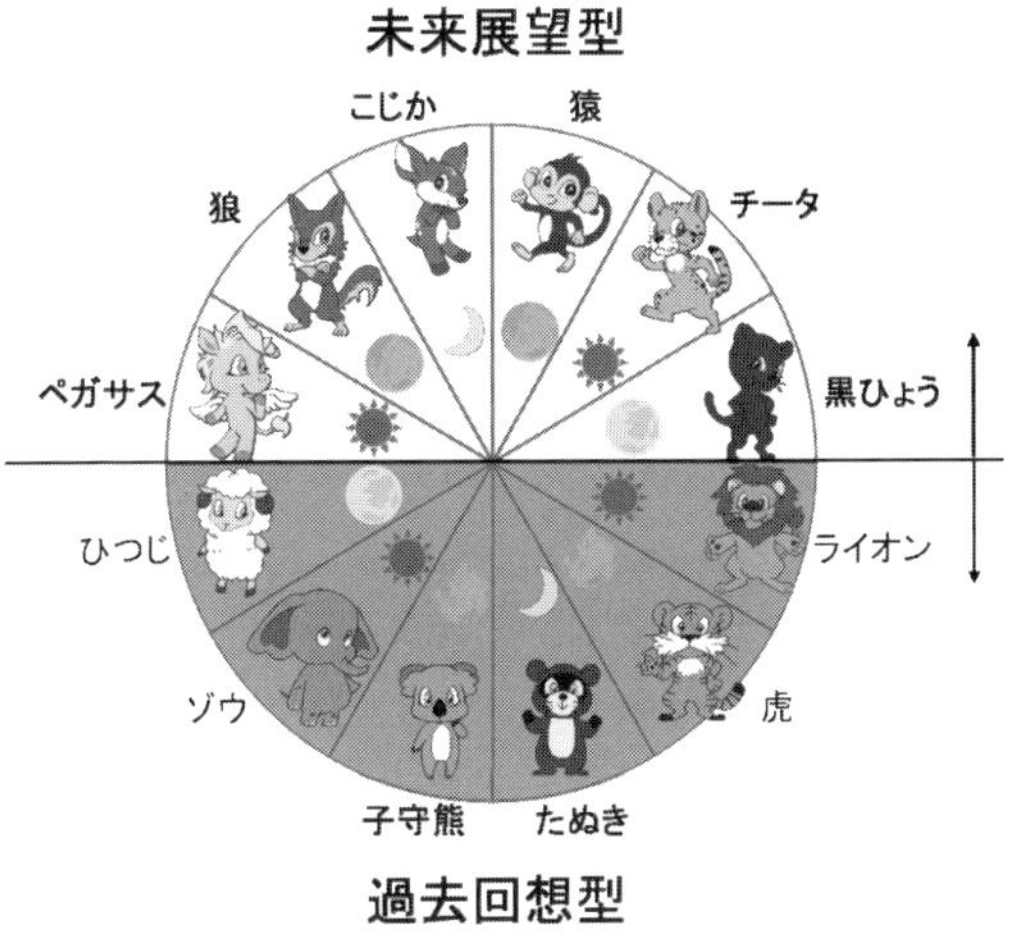

ちなみに、12分類された動物キャラを「人間の一生のエネルギーサイクル」に置き換えてみると次のようになります。括弧の中は、中国の四柱推命の十二星運でどう表されているかになります。

①狼（胎）→胎児②こじか（養）→赤ちゃん③猿（長生）→小学３年生④チータ（浴）→高校３年生⑤黒ひょう（冠帯）→大学生・先人式⑥ライオン（建禄）→エリートビジネスマン⑦虎（帝王）→社長⑧たぬき（衰）→会長⑨子守熊（病）→寝たきり老人⑩ゾウ（死）→危篤状態⑪ひつじ（墓）→葬られた状態⑫ペガサス（絶）→魂

このようになっています。面白いですよね？

しかし、いきなり初対面の人に対して、そして全く個性心理學を知らない人に対して「寝たきり老人」や「危篤状態」、「葬られた状態」と言われたら面白くないですよね。嬉しくないですよね。

ということで、面白くわかりやすく、解説や説明を受け取りやすくするために12種類の動物のイメージに置き換えてみた、それこそがまさにこの個性心理學なのです。

これがそのままポジティブ思考、ネガティブ思考に繋がるわけではない

ここで出てくる「未来展望型」と「過去回想型」。これがそのままポジティブ思考やネガティブ思考に繋がるわけではありません。未来展望型は楽観的で「なんとかなる」と捉えやすいタイプ。

しかし、そんな自分を「本当にこれでいいのだろうか」と否定していたら、それはポジティブ思考と言えるでしょうか。過去回想型は悲観的で「どうにもならない」と捉えやすいタイプ。

しかし、そんな自分を「これが自分だよね」と肯定していたら、それはネガティブ思考でしょうか。

大切なのはあくまでも「自分自身を否定しない」ということ。

傾向として「ポジティブ（肯定的）」に捉えやすいのか、「ネガティブ（否定的）」に捉えやすいのかということであり、それよりも何よりも、その事実を認める＝ポジティブ、その事実を認めない＝ネガティブと私は捉えています。

様々な自己啓発の中で「ポジティブ思考でいこう！」的なものが多々ありますが、それはその講師の元々の傾向が「未来展望型」で楽観論者である可能性があり、なかなか楽観的になりにくい人たちにとっては、それ自体がとても難しいものと感じるかもしれませんが、それも個性から来る可能性大です。

●未来展望型（ペガサス・狼・こじか・猿・チータ・黒ひょう）

まずは簡単に特徴をまとめます。

・希望的観測。プラス思考の楽観主義者。
・将来のことを考える。過ぎたことは気にしない。
・意思決定した後のメリットを考える。
・意思決定した後に口を出されるとヤル気をなくす。
・旅行は荷物が少ない現地調達派。
・保険にはあまり興味がない。
・可能性を追求するので、売上を優先させる。
・防災意識は高いが、特に備蓄にはこだわらない。
・車の燃料計の警告ランプが点灯したとき、「まだ走れる」と余裕がある。

いかがですか。常に未来を見ているイメージで、希望的な観測をしがちにあります。過ぎ去った過去には興味がなく、とても切り替えが早いようにみえるので、プラス思考に見えるグループです。

まずは行ってみる、まずはやってみる、そのような考え方にあるため、何事も「現地調達派」。最低限のものがあれば充分だと考えています。「そうなったら、そうなったときに考えればいい」という考え方が、備蓄や保険、年金などにはあまり興味をもたないかもしれません。未来を常に見ているため「成功したらどうしよう」とドキドキワクワクしながら進むグループです。

●過去回想型（ライオン・虎・たぬき・子守熊・ゾウ・ひつじ）

　こちらのグループの特徴は次の通りです。

・悲観的観測。石橋を叩いて渡る慎重派。
・過去を振り返る。過去の経験や実績を重視する。
・意思決定しなかったときのリスクを考える
・プレッシャーをかけられるとヤル気をなくす。
・旅行は荷物多い用意周到派。
・保険は好き。「もし何かあったら・・・」を考える。
・慎重に対応するので、経費を優先させる。
・防災意識が高く、備蓄を心がける。
・車の燃料計の警告ランプが点灯したとき、「しまった。さっきのスタンドに寄ればよかった」と後悔し、不安になる。

　未来展望型と比べると、明らかに異なりますよね。やはりここでもこのような真逆が存在しています。過去を振り返ってばかりなので、一見マイナス思考に見えます。いつもどこかで「もしも・・・」を考えているので、用意周到に様々な準備を怠りません。「失敗したらどうしよう。うまく行かなかったらどうしよう」そんな過去の経験から生まれる不安や心配からのドキドキを抱えたがらゆっくり慎重に進んでいこうとするグループです。

11　思考パターンを知る

思考パターン「右脳型」と「左脳型」

わたしたちはよく、様々な情報を学ぶときは「インプット」、学んだ情報を誰かに伝えるときは「アウトプット」という言葉を使います。わたしたち人間は、インプットの仕方、アウトプットの仕方についても大きく2つに分類することができます。それが「右脳型」と「左脳型」です。

個性心理學の基本である12分類円グラフを垂直方向に真ん中で分けて左右に2分割したとき、向かって右側が「左脳型」、向かって左側が「右脳型」であるということがわかっています。

端的に一言でまとめるなら、右脳型＝データや理論で説明してほしいという「頭で理解したい」傾向にあり、右脳型＝イメージで伝えてほしいという「心で感じ取りたい」という違いになります。

では、より具体的な違いを説明していきます。

●右脳型（ペガサス・狼・こじか・子守熊・ゾウ・ひつじ）円グラフの左半分

まずは簡単に、右脳型の特徴をまとめます。

・直感やイメージで考えることが多い。
・理論ではなく、イメージで説明されると納得する。

・想像力がたくましく、非現実で考える。
・精神的満足を考える。
・自分の感情を重視する。
・意味のないギャグに笑える。
先ほどの「未来展望型と過去回想型」の項目で、それぞれのキャラクターを「人間の一生のエネルギーサイクル」に当てはめてみると、この右脳型の動物たちは「魂」「胎児」「赤ちゃん」「寝たきり老人」「危篤状態」「葬られた状態」となり、これらのキャラはどこか、非現実の世界を生きているような、リアリティのない世界を生きているようなイメージであることがわかります。それゆえに、目に見えない心や精神面を重要視し、精神面の満足を優先させる傾向にあります。個性心理學では「精神エネルギーの高いグループ」と呼んでいます。

何事も直感やイメージで考えることが多く、たくましい想像力を兼ね備えています。相手の心を読み、未来を予測するなど、目には見えない能力に長けています。そのため、モノを売るというよりも、コンセプトを伝えていく分野で才能を発揮します。

●左脳型（猿・チータ・黒ひょう・ライオン・虎・たぬき）円グラフの右半分

それでは次に、左脳型の特徴を簡単にまとめますと、
・理論や計算で考えることが多い。

〔図表５　思考パターン　右脳型と左脳型〕

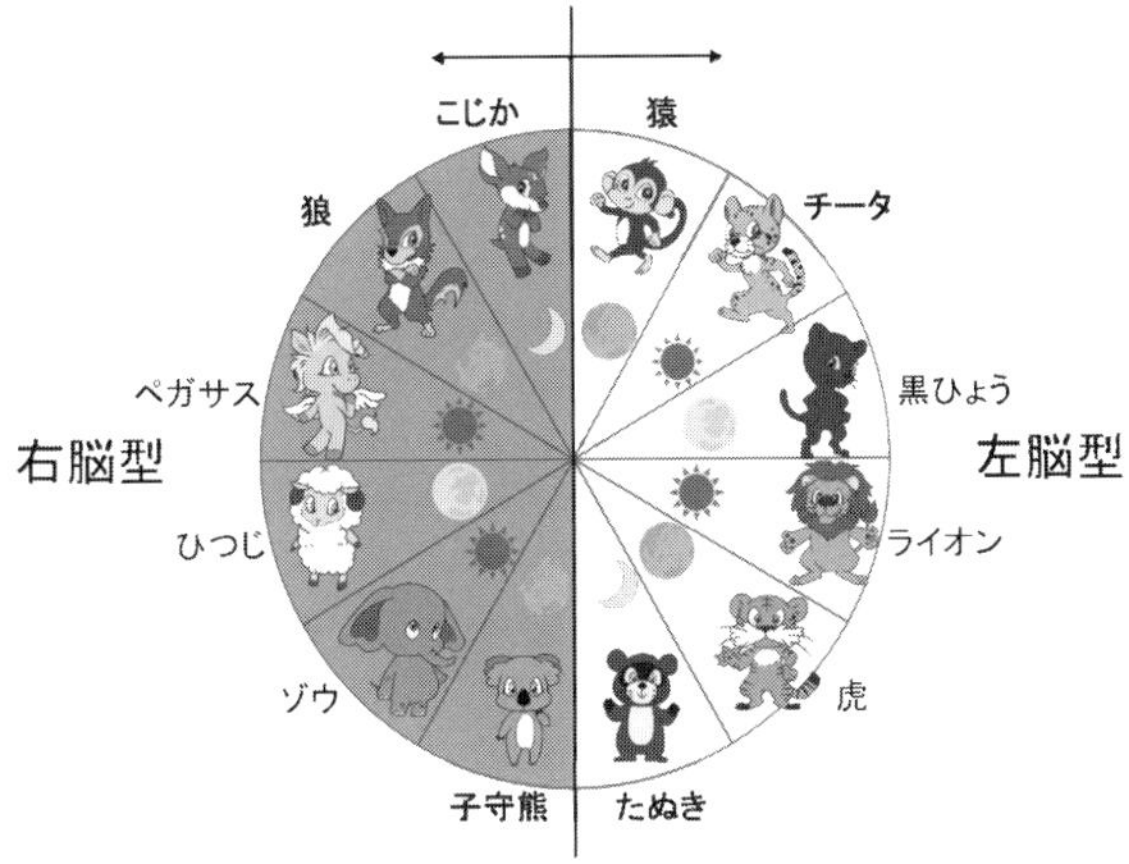

・イメージではなく、理論的に説明すると納得する。
・目の前にあることを現実的に考える。
・金銭的満足を考える。
・自分の考えや理屈を重視する。
・落ちのあるギャグに笑える。

エネルギーサイクルでは「小学３年生」「高校３年生」「大学生・成人」「エリートビジネスマン」「社長」「会長」となり、すべての年代で共通するのは「社長」「会長」ということ。それだけ、経済観念が発達していることになります。現実社会の中でバリバリと仕事をして、結果をだしてお金を稼ぐのが得意なグループになりますので、金銭的な満足を優先する傾向にあります。それゆえに、このグループは「経済エネルギーの高いグループ」と呼ばれています。

何事も理論や計算で考えることが多く、自分の考えや理屈をなかなか曲げることはありません。コンセプトよりもモノを売るタイプで、商社マン・金融マン・

証券マン・営業マン・記述者、職人など、ビジネスの世界に生きる職業にむいています。

行動パターン・心理ベクトル・思考パターンはすべて真逆の2分類

ここで多くの方がすでにお気づきかと思いますが、自分と真反対な人がいる、自分とは真逆の人が存在するということがここでわかりました。真逆の行動をする人がいる。未来を見るのか、過去を振り返るのか、どちらを優先させるのかも違う。論理的に説明をしてほしい人もいれば、イメージで伝えてほしい人もいます。

自分自身の「当たり前」は、実は全くそうではなかったということがわかりました。だから伝わらなかったのです。だから響かなかったのです。逆に捉えれば、このポイントさえしっかりと抑えて伝えていけば、一気に自分の伝えたいことが伝わるようになってきます。伝わることの楽しさ、伝わったことの嬉しさ、相手が少しずつ理解できてくると、コミュニケーションは劇的に変化し始めます。

12　さらに細分化される動物キャラ〜12分類から60分類へ

「個性の多様化」にまで対応している個性心理學

２０１９年、世界の人口や77億人を超えました。これだけの人間がたった12種類の動物で説明がつくでしょうか。もちろん、ものすごく大きく傾向として捉えたならば、12分類でも充分に説明がつきますし、活用できる場面は多々あります。しかし、同じ動物キャラだとしても、全く違う、似ていないと感じる部分もかなりあります。「個性の多様化」という言葉があるように、同じ動物キャラだとしても、仕事のやり方、取り組み方が全く異なることもあります。

個性心理學の素晴らしいところは、「個性とは何か」これを多くの方に理解していただくために、イメージ心理学の手法を用いているところです。それが12の動物キャラクターでした。そしてここに、中国の陰陽五行の考え方と取り入れ、「トキのリズム」という運氣を交えることで12分類を60分類にまで細分化し、進化させてきました。

陰陽五行思想から見えてくる「あなたの強み」

仕事柄、様々な相談をお受けいたしますが、その中で多いのが「自分の強み、得意なことを教えてほしい」というものです。まさにこの部分に、中国の陰陽五行の考え方が生きてきます。持って生まれた「気質」があり、動物キャラではなく、自然界にあるもので表しています。皆さんもどこかで聞いたことがあるかもしれませんが大きく分けて次の5種類です。

・木　・火　・土　・金　・水

どの気質を持つかによって、実は得意なことも異なってきます。わたし自身は「火」に関する気質も持っていますので「表現・伝達」というキーワードを持ちます。今までやってきた仕事、どれをとっても共通しているのは「話すこと」「伝えること」。自然にそのような仕事を選んでいたことを後々知ることになるのですが、やっぱりそうなのだなと、とても納得した記憶があります。

十干十二支の組み合わせを活用。それが60分類

私たちの個性を紐解くうえで、まさにその土台にあるものがこの「十干十二支」です。十二支は多くの方はすでにご存じですよね。毎年毎年の年賀状に書くあの動物です。

子・丑・寅・卯・辰・巳・午・未・申・酉・戌・亥

しかし、十干はすべて覚えている人は少ないかもしれません。特によく目にするのは契約書の最初のほうでしょうか。

甲・乙・丙・丁・戊・己・庚・辛・壬・癸

これら十干十二支の漢字、それぞれが持つ意味の解説だけで、この本1冊分まるまるページがすべて埋まってしまうくらい、膨大な情報量がありますので、本書での解説は省かせていただきますが、私たちが持って生まれた個性が、まさにこの組み合わせによって成り立っているのです。

少し話が変わりますが、誰もが知る「甲子園」。この名前の由来もまさに十干十二支から来ています。「戊辰戦争」もまた、慶応4年／明治元年の干支が戊辰であることに由来しますし、標準時子午線の「子午」もまた、十二支から来ています。普段、何気なく見聞きしている言葉の中には、このように十干十二支に由来する言葉が多く使われていることがわかりますね。

10と12の最小公倍数、それが60。これが基となり、12分類の動物キャラがさらに細分化され60分類となりました。60歳を還暦と呼ぶのも、60歳で一回りしたということ、自分が生まれた干支に戻ってきたことを表し、ここから第二の人生が始まる？　赤ちゃんに逆戻り？　だから赤いちゃんちゃんこを着るという風習が生まれたようです。それだけこの「十干十二支」は生活の中に、そして私たちの生まれ持った個性の中に溶け込んでいるのです。。

13 個性を知れば成功へのヒントが見えてくる

自分の個性にいち早く気づいたから～松下幸之助氏が大成功した理由

パナソニックの創業者、松下幸之助氏に、取材記者がこのような質問をされました。

「なぜ、あなたは成功したのですか？」

それに対して松下幸之助氏は次のようにお答えになったそうです。

「私は、自分の個性にいち早く気づいたから」

自分の個性をしっかりと知ることが、実は何よりも大切なことであると、松下幸之助氏は教えてくださっています。

ちなみに、松下幸之助氏は、先ほどの60分類で言うところの「10番母性豊かな子守熊」となります。13ページ「個性心理學60分類キャラクター対応表」をご覧いただきますと、リズムに「雨露」とあります。リズムが雨露の方々の特徴は、家族や仲間思いで、何かを突き詰めていきたい学者研究者タイプ。子守熊さんは他のキャラと比べて少し病弱なところがあるようです。MOON・EARTH・SUNの人間関係3分類で言うところの「EARTH」、目に見えるもの、形あるものが好きで、ムダが嫌い。そしてとてもマイペースな結果重視タイプ。こういった個性を持っていた可能性があるとわかれば、松下幸之助氏のことを学ばれた方にはここでピンとくるものが多々あるかもしれません。

よりよい人生を手にするためには、そして、大切な家族、職場の上司、同僚、部下ともよりよく仕事をしていくためには、まずはしっかりと自分自身を知ること。そして相手の傾向をしっかりと知って認めて受け入れて、否定することなく、批判することなく、非難することなく協力し合うこと。お互いの得意分野を知り、認めあって、伸ばしていこうとする協力関係・相互理解できている関係が、よりよい職場環境、家庭環境をつくっていく。個性を思いっきり発揮できているとき、自分の個性を認めて受け入れて励ましてくれる人たちと共に何かをしているとき、人はとても充実感にあふれ、より積極的に、そしてより自発的に物事に取り組もうとするだろうし、そこから生まれるより一層強い使命感や責任感に突き動かされるかのように邁進するのだと思います。

自分自身の大切な個性に気づき、それが自分らしさだということを改めて知る。多くの人は、自分自身のことをまだまだ知らないからこそ、自分に自信を持つことができません。他人と違いに苦しみ、否定的に見てしまいがちです。いち早く自分の個性を知った松下幸之助氏は、自分を否定することなく、逆に自分の個性を知って活かすことができた。それが大成功に繋がったのでしょう。

モヤモヤを感じるときは、自分の個性に背いている可能性大

これはとても感覚的な話なのですが、自分らしくないことをしているとき、自分が苦手だなと感じることをやっているとき、どこかモヤモヤするような、違和感のようなものを強く感じませんか。そのモヤモヤや違和感こそ「自分らしくないことをしているよ」というサインであり、シグナルなのかもしれません。そのようなとき、そのまま気づかずに続けたり、気づきながらも我慢しながら続けたならば、ほしい結果、手にしたい成果、たどり着きたい目標にはなかなか到達できないかもしれません。

逆を言えば、自分らしいやり方をしているとき、自分が得意だなと感じることをやっているとき、モヤモヤや違和感は感じにくく、自然体に近い状態で能力を発揮することができている可能性があります。そしてそのようなときほど結果が出せていたり、成果も上げていたり、目標を達成することができていたりします。

個性を知るということは、自分らしさを知ることであり、自分だけの「成功パターン」自分だけの「成功法則」を見つけることに繋がります。本書では今回、持って生まれた個性からの具体的な成功パターン、成功法則には触れませんが、個性心理學にはコミュニケーションを円滑にしていくための知識や情報だけでなく、伸ばすべき個性、伸ばすべき長所を見つけ出せるという可能性までもが隠されているのです。そして現に私は、個性心理學で自分の長所を知ることで、様々なチャンスを手にすることができ、この本の執筆というチャンスも手にしたのです。

同じテクニックも心持ちが違えば全く違ったものになる

こういった知識や情報を活用することは、ある意味1つのテクニックなのかもしれません。第3章以降、より細かくより活用できる具体的な情報をお伝えして参りますが、何よりも大切なのは、「どんな思いを持って取り組むのか」ということになります。つまり皆さんの「心持ち」がとても重要になってきます。

例えば、外で道を歩いているとき、ゴミを拾っている人を見かけたとします。「うわ、すごいな。感心するな」。あなたはそう思うかもしれません。しかし、ゴミを拾っている当の本人は実際どう思いながら拾っているでしょう。Aさんは、誰かに言われたからいやいや拾っていました。Bさんは誰から頼まれたわけでもないのに、自らが進んで楽しんで拾っていました。AさんとBさんが共に営業マンで同じ商品を販売していたとします。そして皆さんにところに足を運んだとします。いやいやゴミを拾っているAさんと、自ら進んで楽しんで拾っているBさんと、どちらから購入したいと思いますか。多くの人はBさんを選ばれるだろうなと思います。

同じ行動をしていたとしても、心持ち1つで、私たちが受け取る印象が変わってきます。いやいや取り組むよりは、絶対に楽しんで取り組むほうが結果に繋がります。正しい選択よりも、楽しいと思える選択のほうが、いい結果に繋がりやすいと考えます。

個性心理學を活用したコミュニケーションの実践も、「楽しく・面白く」を意識していただけたら幸いです。

第3章　伝える伝わる土台づくりが大切

1　伝える伝わる土台づくりに最も必要なこと

あなたは本当に信用・信頼されていますか？

やはり人間関係・コミュニケーションにおいて大切なことは「信用・信頼」なのだと思います。ありきたりで、ある意味当たり前のことかもしれませんが、当たり前と思っている限り、実はその意識はとても低かったりします。頭ではわかっていても、実際の言動行動とはかけ離れていたりするものです。ということで、今一度「信用・信頼という土台」をどう築き上げていくかということに焦点を当てていく必要があります。

ところで、自分は信用されているのか。自分は信頼されているのか。このことについては、実は自分自身ではわかりませんよね。すべて「相手の尺度」であり「相手の感覚」でしかありません。他人とその度合いを比べることもできません。すべてやはり感覚でしかないものなのです。しかし、その感覚が、あらゆる人間関係、コミュニケーションの中でとても大切であり、重要なものとなってきます。

第2章でお伝えしたMOON・EARTH・SUNの3分類。これらは価値観の違いを表していましたが、この違いによって「何が信用に繋がるのか？　何が信頼につながるのか？」も異なってくるということになります。

何が信用信頼に繫がるかも個性で異なる

例えばＭＯＯＮグループは、目に見えない「気持ちや思い」が大切。自分の思いを聞いてくれる、わかってくれるかがとても重要になってきます。心遣いと人柄、それが信用信頼に繫がります。ＥＡＲＴＨグループであれば、結果主義の実力タイプ。当然のごとく、結果を出せる人、結果を残せる人が信用信頼を勝ち取るでしょう。ＳＵＮグループは何が大切でしたでしょうか。特別感やいい影響力を持ちたいと願うグループでした。ということは、肩書ポジションがしっかりとある人の影響を受けやすいということになりますので、組織において、どのような立場で、どれくらい影響力を持っているかで響き方が全く違ってきます。それが信用信頼に繫がっていきます。

信用信頼を築いていくために重要なのは、それぞれが大切にしている「価値観」なのです。わたしには響くけど、あなたには響かない。わたしには大切だけど、あなたには大切ではない。ここがズレたままだと、いくら努力し工夫をしても、全く意味はなさないかもしれません。

万能な人間なんて存在しない

個性心理學の人間関係３分類で、それぞれが大切にしているもの、価値観が見えてきました。ではところで、あなたはこれら３つの条件（①心遣いと人柄、②結果・実力、③肩書ポジションと影響力）をすべて満たしているでしょうか。満たせているでしょうか。多くの人はそうではないと思います。今までの流れからもわかるように、皆、価値観が異なっています。大切にしているもの、重要視しているものが異なります。万能な人間はどこにも存在していません。

自分よりも長い経験と、多くの実績を積んできている人が、時に万能のように見えることもあるかもしれませんが、実際、当の本人は万能だと感じているでしょうか。それは甚だ疑問です。やはりどこかで得意なことはもちろん、苦手なことにも気づいていると思います。

そういった万能に見える人と比べることは、今日からもうやめましょう。比べ始めたらきりがありませんし。そうなると、自分の劣っているところにしか目が向かなくなってしまいますので。比べるのは昨日の自分、1時間前の自分、1秒前の自分にしていきましょう。

2 大切なのは相手を知ろうという意識・大切に思う意識

あなたを変える必要もなければ、相手を変える必要もない

自分の価値観から、何を重要視するかが見えてきます。そして、自分が大切にしている価値観を物事の判断基準の優先順位の上位に持ってくることは、ある意味当たり前のことです。そこを頑張って変えていく必要はありません。逆に変えようとすればするほど、自分の中で違和感が強まり、どんどん心のバランスを崩してしまう恐れすらあります。自分が持って生まれたものを変える必要はありません。それはそれでしっかりと大切にしていただきたいのです。そしてそれと同じように、相手を変える必要もありません。

大切なことは相手に興味を持つこと

だからこそ一旦「持って生まれた個性」から目線を変えて、誰でもできること、誰もがやれることに着目する必要があると考えます。私たちには、「好きだ」とか「嫌いだ」とか、様々な感情を抱きますが、この感情を抱く相手はどちらにせよ「関心がある」からです。「興味がある」からです。もしあなたが、周りから無視され続けたらどう感じるでしょう。とても悲しいですよね。とても苦しいですよね。人は自分の「存在感」「存在価値」に気づいてほしいと心から願っています。

では、気づいてほしかったら、何をしますか。どのようなことをしますか。何らかのアクションを起こしますよね。例えば、小さな男の子が、好きな女の子にいたずらしてみたり、好意を抱いている人が好きな歌手やアーティストの曲を聴くようになってみたりとか。何か気づいてほしくて、気にかけてほしくてアクションを起こします。

そのような「興味」という意識を持ち始めると、いろいろと観察することも増えてきます。この意識が相手にだんだん伝わるようになります。

相手の心を開かせるには、まずは自分の心を開くこと

相手の心を開かせるには、まずは自分が相手よりも先に心を開くことが大切です。興味を示す、関心を示す。気にかけてくれているんだなということがわかれば、どこか安心しませんか。見てくれている安心感。見守られている安心感。誰もがその安心感の中で仕事をしたいのではないでしょ

うか。やったことを褒めてくれる人。やったことを認めてくれる人。やったことを喜んでくれる人。そういった誰かのために、私たちは日々、仕事をしています。人と関りを持っています。人は誰でも「孤独」と「孤立」が怖いのです。恐れているのです。職場はもちろん、家庭であっても、そこが孤独を感じる場所であれば、足を運びたいと思うでしょうか。

最も怖いのは「無関心」

一番怖いのは、「無関心である」ということです。好きも嫌いも興味を示しているからこそであり、関心がなければ、あらゆる感情が生まれてもきません。無関心は、そのまま自分自身の「存在感」「存在価値」に繋がり、自分は価値のない人間なんだと捉えてしまう原因になります。

人は、「無関心」が怖いのです。「無価値である」それが恐ろしいのです。孤立や孤独を恐れ怖がるのです。孤立感や孤独感を抱かせない。それがあらゆる組織に必要なことだと思うのです。そして、その中でも一番それを必要としているのが、社会の中で一番小さな組織、そう「家族」です。

家族と言う最も小さなコミュニティーでさえうまく行っていない現代の日本において。それを打開していくためにも、まずは相手を知ろうという意識、相手を大切に思うという意識を、今まで以上に少しでも強く持ってみる。家族に無関心ということはないでしょうけど、もう少し積極的に「関わってみる」ということを試みてほしい。最初はぎこちない空気が流れたとしても、少しずつですが相手の反応がどんどん変わってくることを実感するでしょう。

3　相手は何を望むのか？
それがわかればコミュニケーションは俄然楽しくなる

個性は「あなたが望むもの」「ほしいもの」「大切にしているもの」である

個性という言葉は、もって生まれた性格や気質を指しているように思われがちですが、私は少し見方や捉え方を変えてお伝えをしています。

個性＝あなたが望むもの・ほしいもの・大切にしているもの

このようなに表現したとき、個性という言葉が持つ意味や役割がガラリと変わるような気がしませんか。望むから、ほしいから、大切だから「その手段を選ぶ」と考えたら、わかりやすいですよね。

例えば、動物キャラの「猿」の個性から、望むもの、ほしいもの、大切にしているものを見つけ出してみたいと思います。

・堅苦しい雰囲気が苦手　↓　和やかで楽しい雰囲気を好む。
・何事も短期決戦　↓　やったらすぐに結果がほしい。ゲーム感覚で勝ち負けにこだわりたい。
・見様見真似が得意　↓　細かく指示やアドバイスがほしい。

いかがでしょうか。皆さんの周りにそのような方はいらっしゃいませんか。皆さんが何かを人に依頼した際、「もっと細かく教えてください」そのように言ってくる上司や同僚、部下やご家族はいらっしゃいませんか。もしかしたら「猿」という動物キャラを持っているからこそ、そのように伝えてくるのかもしれません。「猿」はまさにマニュアル通りを好みます。1つひとつ細かく細かく指示アドバイスがほしいのです。

「それくらい、自分で考えなさい」も押付けかもしれません

ただ素直に「細かく教えてください」と言っただけなのにも関わらず、もし、そのような個性だとわからず「それくらい、自分で考えなさい」と言われたなら、どう思うでしょう。わからないから確認したのにも関わらず、ものすごく虐げられた感じがしないでしょうか。聞いた自分がダメなのか。わからない自分が悪いのか。そのような気持ちが湧き上がってこないでしょうか。そんな自分を否定的に見てしまうのではないでしょうか。自分で考える力ももちろん必要ですが「自分で考えなさい」という投げかけも、時にそれは「自分の当たり前」の押付けにすぎないかもしれません。

そうしてほしいからこそアクションを起こします。望むから、大切だからこそ、アクションを起こします。これこそが皆さんが持つそれぞれの個性、動物キャラとリンクしてくる部分なのです。

動物キャラ＝個性＝あなたが望むもの・ほしいもの・大切にしているもの

そのように認識していただけると、相手のやり方や方法、手段に何かしらの「パターンがあること」を見つけ出すことができるでしょう。そしてそのパターンを認めてあげること。許してあげること。これが信用信頼の構築へと繋がっていくのです。

人心掌握術の1つとしての統計学

ここまであえて使わなかった言葉があります。「人心掌握術」という言葉です。このような誕生日を基にした統計学は「帝王学」と呼ばれ、国を束ねる人たちが学ぶような学問でした。逆に言えば、誕生日という1つの情報から、どのような策を講じる傾向にあるのか？　ということすら読み解けてしまう。国を束ねる立場としては、何よりも「誕生日」という情報を他国に知られることを避けたであろうと言われています。その名残りなのか、誕生日という漢字を細かく分解してみると、「生」まれた「日」を「言」うことを、できるだけ先「延」ばしする。

この字を組み合わせると誕生日という言葉になります。人の個性がわかるということは、人の心の特徴や傾向がわかるということです。それゆえ、このような統計学は「人心掌握術」として用いることができるのです。相手が何を求め、望み、ほしかるのかが、手に取るようにわかるのです。「人心掌握術の1つとしての個性心理學」だと知れば、活用しない手はありませんよね。

4　意のままに相手を動かすことがコミュニケーションではない

気持ちよく動いていただくというコントロール

ここでとても大切なことは、自分の意のままに動かそうとするのではないということです。相手に気持ちよく動いていただくというスタンス。相手が自発的に積極的に行動してくれるようにという目線、立場に立って、こういった情報を活用するということです。

自分の意のままに、そのような欲求が強くなればなるほど、思ったような反応がないこと、思ったような結果が出ていないことに意識が向きはじめ、どんどん不平不満ばかりを口にするような状況を自らがつくりだす結果となります。本書を読まれる方の大多数は「個性心理學初心者」だと思いますので、すぐに結果はでません。思ったような反応も返ってはこないでしょう。

しかし、しかしですよ！　皆さんの言動行動が急に変わりだすと、必ずそれに気づく人がいます。「あれ？　どうしたんですか？」「あれ？　何か勉強されたんですか？」そのように向こうが関心を寄せてきます。

相手の個性に合わせた言葉使いなど、あなたが少し何かを変えれば、その変化に周りは気づきます。興味を示してきます。時には「一緒に勉強したいです」と言った反応も返ってくるかもしれません。

仕事以外での共通点。これもまた、相互理解、コミュニケーションを深めていくのにとても有効的です。そして、
これがまさに「コミュニケーションの共通言語としての個性心理學」と進化していくのです。相手が気持ちよく動いてくれているとき、相手が自発的に積極的に行動してくれているとき、そのときはおそらく「コントロールされている」という感覚を持つことなく、楽しいから、面白からやっているというとても素晴らしい環境ができているでしょう。

相手が喜んでいる反応がコミュニケーションを楽しくさせる

言葉1つで変わります。言葉がけ1つで、人は大きく変わりだします。人は元来、相手が楽しんでいるところ、喜んでいるところ、嬉しがっているところを見て、相手と同じ気持ちになる生き物です。「目の前の人をいかに楽しませるか？　喜ばせるか？」を意識し出すと、途端に相手に興味を抱き始めます。

ところで皆さんは、自分自身のため「だけに」働いているでしょうか？　この問いに「ＹＥＳ」と答える方は極々少数だろうと思います。多くの方は大切な家族のために、お世話になっている会社のために、などといったように「自分以外の誰か、何かのために」という感覚を持っています。家族の笑顔、社員・スタッフの笑顔、それこそがエネルギー源になることって多くないでしょうか。相手の喜びこそが、自分自身のエネルギー源になるのです。

そして、自分自身が取り組んできたことで結果が出たとき、周りの大切な家族や友人知人、社員やスタッフが共に祝ってくれたり、喜んでくれたりすると、とても嬉しいですよね？　相手を喜ばせようとするこの意識、この方向性が、人間関係・コミュニケーションを劇的に変化させていくのです。

人は最終的には「自分のためだけ」には頑張れない生き物です。自分のためだけであれば、人は簡単に妥協もするし、諦めもします。喜んでくれる誰か、楽しんでくれる誰か、笑顔になってほしい誰かのためにこそ、人は本当の本気になれるのです。

5　信用信頼している人に認められたいと人は願う

あなたは誰に認められたいですか？

全く何も興味のない人に対しては、認められたい、認めてほしいという思いや感情は生まれにくいですよね。その反面、家族や友人知人、職場の上司、同僚、部下など、日々必ずと言っていいほど顔を合わせる人に対しては認められたい、認めてほしいという思いや感情はどんどん生まれてきます。日々湯水のごとく湧き上がってくるかもしれません。現代ではＳＮＳなどの普及によって、不特定多数の人々に対してまで、その矛先を向けることができるようになっていますが、やはりまずは身近な存在に対して、その思いは一層強いのではないでしょうか。

しかし、そういった認められたい、認めてほしいと願っている身近な人にほど、自分のことを認めてくれてはいないような感じがしませんか。私もそうでした。おそらくほとんどの人が同じような思いや経験があることでしょう。悔しい思い、悲しい思い、そしてその思いは時に強い悲しみや憎しみにさえ変わってしまう。それはなぜか？　実は答えはとってもシンプルで簡単なのです。

自分自身が相手を認めていないからなのです

身近な人になかなか認めてもらえない。それは「自分自身が相手を認めていない」からなのです。

多くの人は、先に求めてしまうのです。「求めること」が先に立ってしまうのです。ポイントは「逆」なのです。先に「与えること」が重要なのです。なので、先に相手を認めてあげるという意識をぜひ持ってみましょう。

人は実に面白いものです。求めれば求めるほど、不平不満を抱くという癖みたいなものがあるようです。求めれば求めるほどに、不平不満もまた一段と大きくなっていくのです。ということは、「求めなければいい、求めすぎなければいい」のです。ここで1つ、「求めていたことを求めなくなった」という私の実例をお伝えいたしますね。

求めていたことを求めなくなった自分

わたしは「ひつじ」というキャラです。ひらがな表記はMOONグループと呼ばれ、「ありがとう。助かったよ」こういった気持ちや思いを最優先に大事にするタイプです。つまり、常にいろんなところで「ありがとう。助かったよ」そういった気持ちや思いをほしがる人間だということです。持ってうまれた個性は変わることはありませんし、なくなることも当然ありません。今このときも、そしてこれからの未来にも、なくなることはないのです。そして、この個性、価値観が妻とのケンカを引き起こすきっかけ（トリガー）だったということに気づくことができました。

ありがとうと言ってほしいから。助かったよって言ってほしいから。それを求めて、私は行動していました。そして、それは今も変わりませんが、大いに変わったことがあります。「ありがとう。

助かったよ」それを求める自分がいるということを知り、ありがとうを求める自分に気づき、そして、ありがとうを求めた自分に気が付くようになった今、『求めなくなった自分』が存在しています。

「ありがとうくらいないの？」

「言われてから言うなよ。気持ちが入ってない」

これが私と妻のケンカのパターンでした。これがなくなりました。ほぼ今では皆無です。そしてこれの面白いところは、我慢をしているという感じがないのです。自分自身で納得しているからなのか、一切「我慢して言わない」という状態とも違うのです。今の自分は「気にしない」「気にならない」という感じでしょうか。そのような変化に自分自身が一番驚いているのが現状です。

求める前にまずは与えてみましょう

妻はおそらく「言わなくてもわかるよね？」「言わなくても察してよ！」これを求めてくる傾向にあります。動物キャラは「ゾウ」で、３分類でいうとカタカナ表記の「ＳＵＮ」グループに該当します。ひらめき直感が冴える感覚重視のタイプなので「察してほしい」を望むのです。

わたしは求めなくなり、妻の求める「察してほしい」に対応できるようになりました。これが個性心理學の実際の活用方法の一例になります。おそらく、皆さんの身近でも同じような例がたくさんあると思います。そしてすでに「あの人がそうかも！」そんなイメージが浮かんだ人も多々いらっしゃることと思います。この「簡単にイメージが湧くこと」こそが、個性心理學の面白くて楽しいところなのです。誕生日がわからなくても、日々のやり取りから推測までできてしまうのです。

6　わかってくれているという安心感・否定されないという安心感

安心感を与えてみませんか

私がコミュニケーションで重要視しているのはまさにこれです。「安心感を与えること」なのです。あなたを変えようとしない安心感だったり、あなたをコントロールしないという安心感だったり。何を言っても否定されない、批判されない、非難されないという安心感です。上司と部下、親と子、立場が逆だったら、どう思いますか。何をやっても「大丈夫」と声をかけてほしくないでしょうか。

私は強くそれを願います。「大丈夫だよ」といつも背中を押してくれる人と仕事をしたいし、成長していきたいと思います。そのように思える人と、そのように思えない人と、あなたはどちらについていきたいですか。好みはそれぞれなので、皆が前者を選択するとは限りませんが、とても多くの方は、否定することなく「大丈夫だよ」と背中を押してくれる人と共に前に進んでいきたいと願うのではないでしょうか。

人はそれを「包容力」と呼びます

あなたを変えようとしない安心感、あなたをコントロールしないという安心感。何を言っても否定されない、批判されない、非難されないという安心感。これらのすべてを1つにまとめ、別な言葉を用いて表現をするならば、「包容力」という言葉になるでしょうか。

雑誌CanCam（キャンキャン）2019年6月19日のインターネットの記事に「包容力がある人って、具体的にどんな人のことだと思いますか？」という調査に対しての回答が載っています。

①なんでも受け止めてくれる、心が広い人
②余裕と落ち着きがある人
③多少のことでは怒らない人
④話を聞いてくれる人
⑤相手の気持ちを察することができる人
⑥マイナスの部分も受け止めてくれる人
⑦つらいときに一緒にいてくれる
⑧許してくれる人
⑨優しい人

このような結果でした。私が感じたのは、ベクトルが「自分向き」ではなく「相手向き」であるということです。やはり人はどこかで必ずと言っていいほど「安心感」を求めているのです。

個性心理學を知るということは、様々な個性の違い、価値観の違い、考え方の違い、やり方や方法、手段の違いを知るということです。そのような違いがあることを知れば、何も否定するところ、批判するところ、非難するところなんてないということに気づくことができます。

皆さんの周りにたくさんいらっしゃるとても大切な方々を否定することなく、批判することなく、非難することなく、どんどん安心感をプレゼントしてあげてください。安心感のプレゼントは、いずれ予想もしなかったような大きなお返しとして皆さんに返ってくるでしょう。

7　テンションを下げる3つの「ひ」

誰もがこれを嫌がります

これは、すでに先ほどお伝えした言葉の中に答えがあります。テンションを下げる３つの「ひ」。

・否定　・批判　・非難

みんなこれが嫌なのです。誰もがこれを嫌がります。否定されるから、批判されるから、非難されるから、人間関係、コミュニケーションが難しいと感じ、煩わしいと思うのです。誰だってそう、認められたいだけなのです。否定なんてされたくない。批判なんてされたくない。非難なんてされたくないのです。容易に皆さんも想像ができますよね。みんなが認め合って楽しそうにしていて、前向きで活発な意見が飛び交っているグループと、みんな否定、批判、非難しあってばかりで、全然楽しそうではなく、殺伐とした空気感を漂わせているグループと、あなたはどちらの環境にいたいですか。あなたはどちらの環境に明るい未来を感じますか。私はやはり迷うことなく前者だと答えます。

これが正解だとか、不正解だということではありません。今までの生活環境によっては、後者のほうが自分に合っている、しっくりくるという方もゼロではないかもしれません。持って生まれた個性は、傾向と可能性を見ていくには、とても有効的に活用できますが、育ってきた環境、つまり後天的な環境要因によって、個性は大きくねじれて曲がってしまうことも多々あります。自分が思っている「正解だろう」「正しいだろう」そのような答えと違っていたとしても、やはり大切なのは否定しない、批判しない、非難しない。「そうなんだね。あなたはそう考えるんだね。ちなみに私はこう思っているよ」と、認め受け入れてあげる姿勢を常に前面に出しながら、その後に自らの意見や考えを伝えるという方法が、よりよい人間関係、コミュニケーション、相互理解へと繋がっていくでしょう。

極めて基本的なやり取り、コミュニケーションの仕方のように思えるかもしれませんが、それがほとんどできていない、そこまで意識できていない人が多いのが現代社会のような気がします。核家族化が進み、親の精神的肉体的負担が増えたことで、相手のことを思う、尊重する、こういったことを意識する心の余裕やゆとりを持てなくなりました。その結果、コミュニケーションや人間関係のことで悩むことも増えました。社会や環境のせいにばかりはできませんが、まずは自らの意志力で、否定しない、批判しない、非難しない、誰もが嫌がる「3つのひ」を意識から少し取り除いてみませんか？

第4章　実践編その1　すぐに使える3分類徹底比較

1　人間関係3分類の比較が面白い

個性心理學の基本はやはりこの3分類

講師をさせていただく中で、一番楽しい、面白いと感じるのはやはりこの「人間関係3分類」です。個性心理學の生みの親、弦本將裕先生の講演の、そのほとんどがこのテーマをメインにお話されていらっしゃいます。難しいことは長くは実践できません。長続きしません。継続して取り組んでいくためには、やはり面白くて、楽しくて、そして体感を得られることが重要だと私は考えています。実際、私が今まで実践を続けてくることができた理由はこれらに尽きるのです。

・簡単でわかりやすい
・楽しいし、面白い
・すぐに実践できる手軽さと簡単さ
・反応と変化がすぐにわかる
・個性の違いからくるイライラがなくなってきた

知識は簡単で、面白くて、なるほどがたくさんで、学びながら腑に落ちていく。だから実践しようと思える。実践すれば、すぐに反応や変化が生まれ、いい流れを感じる。だから楽しくなる。こういった「体感・体験・経験」が積み重なるからこそ、実践が継続されていきます。

今まで様々な取り組みをされただろうことと思いますが、それはどこか難しかったり、面倒だったり、面白くなかったり、腑に落ちていなかったり。反応もなければ変化も感じられない。だからいい流れを感じられず、実践は続かなかった。続かなかったことに焦点を当てると、「継続できなかった自分」がそこにいるため、自分を否定的に見たりして、自信を失っていくことにもつながります。

ストレスの素が興味に変わったらどうですか？

この章では、人間関係３分類を徹底比較していきます。普段の生活のいろんな場面で見られる受け答えとその違いを細かいながらもわかりやすくお伝えしていきます。おそらく読んでいて面白く楽しくなると思います。「あるある！　それある！」１人で勝手に読みながら、縦に大きく首を振りながら、どんどん納得度合いが深まり、腑に落ちて、気持ちが楽になっていく。「そんな違いがあるんだ」「確かにあの人はいつもこんな感じだ」そういった日常の様々な場面、シチュエーションが頭に浮かんできます。

そして、さらにさらにどんどん腑に落ちていく。実際のリアルなコミュニケーションの前に、読んだだけで笑えてきて、心が軽くなり、ほっと安心できる。それが個性心理學のいいところだと、私は思っています。人間関係は、大きなストレスの素だったにも関わらず、「個性はどう違っていたのか」ということがわかれば「人って面白いな！　人って楽しいな！」ストレスの素から一気に興味に変わってしまったら、どれだけ人生変わるでしょうか。激変間違いありません。

たかが占い、されど占い

実際にそれを体験することができたからこそ、自信を持ってお伝えしたい情報があります。自信を持って世に広めたい情報があります。それがこの個性心理學®です。

たかが占い、されど占い。大企業の経営者の多くは、「お抱え占い師」のような存在を近くに置いているそうです。迷ったときにアドバイスをいただいているようです。「今がその時期、そのタイミングなのか？」「この内容でいこうと思うけど、大丈夫だろうか？」多くの場合、細かい相談というよりは「ＹＥＳかＮＯか」の２択の質問を投げかけているそうです。

実際、この仕事をしていると、意識の高い経営者ほどこのような情報を「活用しよう」と捉え、積極的に学んでいらっしゃることに気づきます。実際に、講師仲間の多くは経営者の方だったりします。会社や事業の規模に大きな違いはあれ「どう活用するか」という共通の意識で学び実践しています。そして早々に現場で試してみる。お客様の反応はもちろん、従業員スタッフの反応が変わっていくところを目の当たりにしたら、個性心理學が持つ効果と大いなる可能性に気づき、さらに実践を繰り返す。

「情報」それをどう活用するかで全く異なった結果になります。深く考えすぎず、素直にそのまま実践してみる人こそが、成長と変化を手にできます。

ではまずはここで、ご自身はもちろん、ご家族、職場の上司、同僚、部下、友人知人巻頭の「60キャラ換算表」にて動物キャラと「人間関係3分類」を調べて下準備を整えましょう。

2　これだけ違う人間関係3分類

2―1　人生における価値観・目標、目的意識。行動パターン

●ＭＯＯＮ・・・キーワード「世のため、人のため」
・自分のことより相手のことを優先
・争うことなくみんなで和気あいあいと平和に暮らしたい
・仕事もプライベートも和を重視し、人間関係を公私でわけることはしない

●ＥＡＲＴＨ・・・キーワード「マイペース」
・自分のペースで、自分の好きなことを、好きなときに、好きなだけしたい
・「和気あいあい」「みんなで仲良く」というスタンスは苦手
・仕事は仕事、プライベートはプライベート、常に自分のペースで自立して生きたい

●ＳＵＮ・・・キーワード「世界」
・枠にはまらずはめられず、自由に生きたい
・スケールが大きなものに惹かれ、小さな世界にはあまり興味がない
・「世界に通用する自分」「世界で認められる力」「ワールドワイド」を目指し、活躍したい

このページの情報だけでも驚きです。これを知らなかったからこそ理解ができなかったのです。

2―2　大切にしたいもの

●MOON・・・「お金やものよりも気持ち。形のないものが大切」
・愛情や友情、使命感や信頼といった、目に見えないもの、形のないものが大切
・昇給よりも信用信頼。「君以外には頼めない」「君ならできると信じていたよ」「よくやった」そのような言葉がけが嬉しく、頑張りを認めてくれ、評価してもらえると嬉しい
・誕生日には、メールで「おめでとう」のメッセージが嬉しく、高級品よりも手づくりで喜ぶ

●EARTH・・・「大事なのは気持ちよりも物質的なもの。形あるものが好き」
・「これをやってくれたら報酬を出す」といった実質的なことに興味を示す
・肩書にもこだわらず、表彰されても価値を感じない。大事なのは「それで何を得られるか」
・自分の成果や頑張りを、目に見える形あるもので評価してほしいと願っている

●SUN・・・「気持ちよりもお金よりも大切なのは、権威や権力」
・権威や権力、地位、名誉、名声といった、自分に箔をつけるものを大事にする
・常に「いちばん」であることにこだわる
・特別な存在であることを願うので、プレゼントや食事は高級志向

2―3　言い訳の仕方

●MOON・・・すぐに謝る、しつこく謝る

・悪いことをしたと思ったら、とにかくすぐに謝り、いつまでもしつこく謝る
・話が終わっていても、また会ったときの挨拶は「先日はすみませんでした」から入る
・他人を怒らせたくない、嫌われたくない、そんな思いが何度も謝罪を繰り返すことに

●EARTH・・・まずは言い訳、そして逆ギレ
・とっさに言い訳が口から出る「言い訳の天才」
・理由や根拠、原因が自分の中ではっきりとしているので、それを通そうとして逆ギレ
・結果重視のEARTHにとって、謝る＝負けを意識するのか、素直になかなか謝れない

●SUN・・・一度謝ったら、それで完了
・言い訳はせずに、適当に素直にすぐ謝りますが、相手が許しても許さなくても関係なし
・「誤った」「謝罪した」その時点で終了、すぐに切り替えが始まっている
・相手の不満や怒り具合を気にかけることなく、よくも悪くもカラッとしている

2―4　人間関係の優先順位

●MOON・・・まず「相手」に合わせる
・3グループで唯一の「相手軸」。まず相手の気持ちや意見をたずねるところから
・「争いたくない・もめたくない」ので、自分の意見と食い違っていて相手の意見を優先
・「人任せ、自分がない」そんな印象を与えますが、それだけ波風を立てたくない潤滑油的存在

●ＥＡＲＴＨ・・・いつも「自分」中心
・ＥＡＲＴＨは完全なる「自分軸」。相手がどう思っているかを聞く前に、自分の意見を主張
・自分の考えを伝えた後、一応相手の話を聞くが、納得できる内容でない限り受け入れない
・しかし、「相手の言うことが正しい、リーズナブル」と思えば素直に認めて相手を優先
●ＳＵＮ・・・その日の「気分」次第
・ＳＵＮも自分軸ですが、ＯＮとＯＦＦのムラがあるので意見や考えもその日によって異なる
・昨日「Ａのほうがいいよ」と言いながら、今日は普通に「Ｂのほうがいいかも」と言う
・そのときどきに気分も意見も変わるので、それに合わせて優先順位も変わります

2―5　相談するときのポイント

●ＭＯＯＮ・・・いつでも、どんなこともＯＫ
・人間関係を重視するＭＯＯＮは相談されることが大好き。自分のことを置いてでも聞くかも
・「ご飯でも食いながら話をきくよ」親身になって話を聞くし、心理的な距離も近くなる
・話がどうしても長くなりがちですが、あなたを思ってのこと。最後までぜひ聞いてあげる
●ＥＡＲＴＨ・・・直接話すよりメールがベター
・人づきあいがドライなＥＡＲＴＨ。自分と他人をしっかりと分けている
・人に何かを相談されても「あなたの問題だから、すべてあなた次第」と突き放す傾向あり

・何度も相談すると面倒くさがられるので、直接よりはメールを活用。要点だけまとめて送信

●ＳＵＮ・・・すれ違いざまのチャンスを生かす

・相談＝面倒くさいこと、時間をとってじっくり相談するのはタブー

・「相談したそうだな」そんな察する力があるため、それを感じさせずにすれ違いざまを狙う

・「どうしてもあなたの話を聞かないと進まない」そんな自尊心をくすぐる言い方で

2―6　クレームへの対応

●ＭＯＯＮ・・・誠心誠意、誠意が一番

・その問題を起こした本人が、本当に「申し訳なかった」思っているのかを重要視

・基本的には争い、いざこざが嫌いなので、本人の謝罪の気持ちがわかれば許します

・上司が出てきたり、金銭などの話が出ても、当事者が平気な顔をしているなら許しません

・手書きの手紙は効果抜群。とにかく本人の誠意を示すこと

●ＥＡＲＴＨ・・・気持ちを形にしてほしい

・「申し訳ありません」一生懸命の言葉と気持ちだけでは満足しない

・店でシャツにワインをこぼされたら①シャツ代弁償②食事代無料③お食事券で大満足

・誠意や真心よりも、その気持ちを、それ相当のものや形で示してほしい

●ＳＵＮ・・・上の人を出してくれ

・権威、権力を持ちたいSUNは、当事者よりも立場が上の人の対応を望みます
・役職は、上位であればあるほど効果的で、VIP待遇されたことで気持ちはスッキリ
・上位の人間にこだわるのは、その下の人たちにももれなく伝わると考えている

2—7 よく使う言葉

●MOON・・・「なんで」「どうして」
・そのような選択をした理由、そこに至るまでのプロセスをとても大事にしています
・不平不満があるからではありません。思いや考えを教えてほしいのです
・約束を破ってしまったときの「別に」「なるほどね」は実は納得していない証拠

●EARTH・・・「活用」「納得」
・無駄が嫌いなEARTH。常にどこかで実質的な価値の計算をしているので「活用」が好き
・何よりも、自分にとって価値があるのかどうか、理由よりも実利的にどうなのかが重要
・それは効率的なのか、経済的なのか、実質的価値をしっかり把握したならば「納得」します

●SUN・・・「すごい」「面倒くさい」「絶対」「なんとなく」
・直感感覚感性タイプなので、表現もどこか感覚的。「なんとなく」のニュアンスで伝える
・自分もすごい人になりたいからなのか？ 様々な場面で何に対しても感想は「すごい」の連発
・ムラが多い、ONとOFFがハッキリなため「面倒くさい」

・自分の感覚が正しい、間違ってないという感覚から「絶対○○だから」と言い切る

2―8　買い物で見られる価値観

●MOON・・・温かみのあるもの、手づくりに惹かれる
・つくり手の「人柄」「温かみ」が感じられるものに魅力を感じます
・店員の感じがいい店には通うが、感じが悪い店には二度と行かない
・MOONはなかなか断れないので、ごり押しされるのは嫌。ほしいものを探すサポートを

●EARTH・・・実用的なものにこだわる
・買い物でも「マイペース」は重要。声をかけると逆効果。聞きたいときは自分から聞く
・聞きたいときに、近くに店員がいないことも「ペースを乱す」ことなので期限が悪くなる
・実質主義なので、ブランドよりも価格に見合った、もしくはそれ以上を望む。コスパ重視

●SUN・・・レア・限定が嬉しい、プレミアなものに心が浮き立つ
・「箔」がつくものが大好きなSUN。ブランド、有名店といったステータス重視
・VIP待遇も嬉しいため、店員からとても丁寧で礼儀正しい接客を受けると嬉しい
・「レア感」「プレミア感」に高い価値観を抱くため、期間限定、数量限定、世界で○個に弱い

断れないMOON、マイペースのEARTH、面倒くさがりのSUN。実はどのタイプもそれぞれのペースがあるため「店員・スタッフにつかれること」は苦手なのかもしれませんね。

2―9　会議は何を重要視？

●MOON・・・気にかけるのは事前準備

・飲み物はホット？　アイス？　お茶菓子は必要？　会議よりも前準備を気にします

・意見の衝突、争うことは避けたいので、みんなの意見を立ててばかりでまとまらない

・争いたくない中で、理想はたくさんあるため、話し合ったわりには何も決まらない

●EARTH・・・予定通りに開催する定例会議を好む

・時間に厳しいマイペースなEARTH。開始も終わりも理想は予定通りの時間通り

・会議中の話の脱線や無駄話を嫌うので、レジュメに沿って効率的に進めて結論を出す

・計画通りに仕事をしたいので、突発的な会議は嫌。突然の時間変更もストレスに

●SUN・・・ノリと勢いの気分優先会議

・SUNにとって、会議はイベントごとの1つ。その場の雰囲気「ノリ」が重要です

・上司がSUNならば「よし！　それで決まり！」そんなイメージで終わることもあり

・その場の気分、雰囲気、ノリ、勢いで意見が変わるので、なかなか実行されないことも

2―10　心にシャッターがあるならば…

●MOON・・・開きっぱなしの壊れたシャッター

・誘いや頼まれ事を断れず、なんでも引き受けてしまい、後で困ったことになる場合も

・他人は「見ず知らずの赤の他人」のことなので、基本誰でも受け入れてしまう
・どうしてもシャッターを下ろしたいときは、人間関係丸ごと壊して終結させてしまう

●ＥＡＲＴＨ・・・自分に都合のよい電動自動シャッター
・嫌な人、嫌なことを要求されると自動的に閉まるが、利害関係が生じると必要に応じて開く
・ＥＡＲＴＨにとっての「他人」は、基本的に自分以外の人すべて。境界線をハッキリつけたい
・ＥＡＲＴＨがシャッターを下ろしても、都合が合えばまたすぐに開くので気にする必要なし

●ＳＵＮ・・・突然ガシャンと閉まるギロチンシャッター
・人間関係でストレスが重なり、それがある日突然、前触れもなくシャッターが落ちてしまう
・そのシャッターは二度と開きません。「私の人生に関わらないで」完全に締め出します
・シャッターの外は他人、内は身内。シャッターのスイッチを押す前の「察して」を見逃さないことが大切

2―11　育児に見られる3分類（子供に限らず大人にも）

●ＭＯＯＮ・・・うっかり屋さん
・返事はいいけど、どこか抜けている？　事柄よりも「返事」に気を取られる傾向あり
・嫌われたり、怒られたりするのが苦手なので、強く責めることはせず、一緒にチェック
・常に構ってほしい、寂しがり屋のＭＯＯＮ。やさしさ、気遣いが何よりも嬉しい

●EARTH・・・しっかり者
・自分でなんでも計画通りに準備する、地に足がついたしっかり者
・準備万端な分、予定外の展開やトラブルには弱く、臨機応変な対応が苦手
・自立心旺盛なので、至れり尽くせりの手助けは無用。自分で行動できるように導く

●SUN・・・ちゃっかり屋さん
・もともとが大らかで小さいことは気にしないので、物の貸し借りにも無頓着
・忘れ物をしても隣の人から借りて、そのまま借りたことを忘れて自分のカバンに…
・自由行動大好きなSUNは、怒る叱るは逆効果。褒めて伸ばして長所を見つけあげる

2—12 会社の行事、パーティーでの振舞い方

●MOON・・・いたれり尽くせりのおもてなし
・細かい気配りができるのがMOON。ここでもやはり事前準備に徹するイメージ
・料理を小皿に取り分けたり、飲み物が減っていたら、すぐに気づいてお注ぎしている
・他人に干渉されずに自分のペースで飲みたい食べたい人にとっては少々煩わしい

●EARTH・・・マイペースの個人プレー
・どのような場でもマイペースは崩さず、個人プレーを好む
・場が盛り上がっていても、時間が来たら「お疲れさま」と言って遠慮せず帰っていく

・上司から「タクシー代出すから」「送るから」と言われたら別。楽だと思えば予定変更

●SUN・・・気分次第のスタンドプレー

・いつ何時でも、やはり大切なのは気分。自分の好きなように振舞うタイプ

・VIP待遇が大好きなので、へりくだった対応、持ち上げられると機嫌がよくなる

・「目立ちたい、注目されたい」そんな気持ちが旺盛なので、スタンドプレーで場を盛り上げる

2―13　あなたが営業マンだとしたら、何を売り込む？

●MOON・・・自分自身を売り込み（人柄重視なので、人柄で買ってほしい）

●EARTH・・・商品、製品、その性能を売り込む（自分も製品も実力勝負）

●SUN・・・会社の売り込む（ブランド力、歴史、他にはない特別感を売る）

2―14　あなたはどんな人物を目指しますか？

●MOON・・・人格者（尊敬されるような人物）

●EARTH・・・資産家・財産家（形あるものを築こうとする）

●SUN・・・成功者（いい影響力を持った人物、権威、権力、地位、名誉、名声）

いかがでしたでしょうか。人間関係3分類だけで、これだけ明確な違いがあることがわかりまし

た。道理で話が伝わらない、いくら頑張って伝えたところで、全く噛み合っていなかったという事実に気が付きます。相手に伝えるには、伝わるように話すには、相手が何を大切にしているのか、重要視しているのか、そこに触れることができなければ、コミュニケーションは成り立ちません。

では次に、もう少し具体的に、シチュエーション別の対応の仕方もまとめてみたいと思います。

3　シチュエーション別対応の仕方

3―1　メールの書き方や報告の仕方

●MOON・・・メールでも電話でも、とにかく連絡をもらうことが嬉しい
・相手の気持ちが気になるので、用件のみのメールだと「嫌われている？」と不安になる
・季節の挨拶、近況状況報告を交えて話を盛り上げてから本題に入る
・絵文字、顔文字も使って感情を盛り込み、フレンドリーで長めのメールも大歓迎

●EARTH・・・長いメールは禁物
・他人の近況、ニュースには興味なし。余計な情報は不要。単なる無駄話でしかない
・要件、要点だけ書いてほしい
・用件を先に提示し、内容は明確に箇条書き、「ご回答いただけますか」とまとめるとOK

●SUN・・・メールのやり取り自体を嫌う
・メールを開くのも読むのも面倒くさい。返信の文字を打つのも面倒くさい
・「あとで電話します」それがSUNグループ。その場で即座に解決したいので、まずは電話

3―2　話のネタは何？

●MOON・・・たわいのない話題で、和気あいあいと会話自体を楽しむ
・共通の友人や趣味の話、身近な話題で盛り上がる。テーマも脈絡も全くない
・会話自体を楽しむタイプなので、そこには実は何の意味もなかったりする
・会話＝コミュニケーションなので、楽しく話せたら、もうそれで充分

●EARTH・・・プライベートには立ち入らないで
・仕事は仕事、プライベートはプライベート。プライベートには触れない立ち入らない
・実際に利用活用できる役立つ話がしたい。
・数字を交えた、データや統計、お得感が感じらえる情報だと興味を示す

●SUN・・・まずは気分と機嫌をうかがって
・そのときの気分や機嫌が大切。テンションが高いのか、低いのかで全く会話が異なる
・察してくれることが嬉しいので、テンションが低めなら「今日もクールだね」と盛り上げる
・ワールドワイドに活躍したいSUNはどこか外国人気質。機転の利いたユーモアな話が好き

3―3　言いづらいことを言うときは…

●MOON・・・周りの目を気にするので、その場で話さず場所を変える
「ちょっといいかな」と誘って、会議室やカフェへ

●EARTH・・・ペースを乱さないように、まずは相手のスケジュール確認が最優先
「お話があるのですが、○時過ぎに10分ほどお時間いただけますか」

●SUN・・・自分の嫌なことはまったく受け入れようとしないけど、権力にはやはり弱い
本人よりも役職が上の人や影響力のある人を通して伝えるといい

ここでぜひ活用していただきたいのが「ヒューマンリレーション」です。

○MOONにはSUNから
○EARTHにはMOONから
○SUNにはEARTHから

この流れで話をすると、驚くほどすんなりスムーズに話が進み、まとまります。

3―4　好感度を上げてみよう

●MOON・・・やっぱり何よりも「人柄重視」
・誰かと接する際、信頼や友情といった精神的な結びつきを重要視
・キャリア、能力、仕事ができるかどうかよりも「人のよさ」で相手をジャッジ

・ＭＯＯＮは公私の区別がなく親密さが大事なので、アフターファイブのお誘いも大切

●ＥＡＲＴＨ・・・できればすべてを数字で表してほしい

・抽象的な言葉や物質を伴わないポーズは意味なし

・「一生懸命頑張る」その思いを、どんな形にして見せるか「数値目標」で示すことが大事

・「何を」「いつまでに」「どうするのか」を具体的に示すといい

●ＳＵＮ・・・「自分のために」動いてくれる人、かしずいてくれる人が大好き

・気分にムラがあるので、まずは「褒めること・おだてること」でテンションを上げてあげる

・おだては服装、髪形、持ち物などなんでもいいので褒めちぎってから情熱的に思いを伝える

・権力に弱い執着するＳＵＮには「おまえのためなら」と熱ある言葉とジェスチャーが効果的

3―5　謝り方　（2―6クレームへの対応も併せてご覧ください）

●ＭＯＯＮ・・・しつこいほどに何度も謝る

・相手の誠意をしっかり感じたいＭＯＯＮには、しつこいほど何度も謝る

・「本当にすみませんでした」「この間はごめんなさい」と気持ちをしっかりと表現する

・自分のことを本当に気にかけてくれているなとわかれば、心はほどけます

●ＥＡＲＴＨ・・・謝罪の気持ちに比例する物質の提供

・謝罪の気持ちの度合い＝それに比例する物質の提供を求める
・そのときに受け取っていただろう対価に見合ったものを受け取れれば納得します
・怒りを根に持つことは少なく、あっさり相手を許します

●SUN・・・自分の力を知らしめ、実感できるパフォーマンス
・心のこもった謝罪でもお詫びの品も響きません
・できるだけ大げさに、極端に言えば土下座をするくらいの勢い
・「誠に申し訳ございませんでした」と怒鳴るくらいの勢いで謝る。まさに王様扱いです
・泣いてすがってみるくらいでもいいかも

3―6　励まし方

●MOON・・・ほしいのは「優しい慰め」
・自分の気持ちを「知ってほしい」「わかってほしい」そして「構ってほしい」
・プレシャーに弱いので、「頑張れ」と肩を叩かず、話を親身に聞いてあげる
・「大変だったね」「落ち込む気持ち、よくわかるよ」と同調し、感情を共有してあげる

●EARTH・・・どんなときでも自分自身を認めてほしい
・現状をしっかりと評価してあげることが一番の励ましになる（結果を褒める）
・「君は誰よりもがんばっているよ！」の一言が嬉しい

・結果重視で目標達成が嬉しい頑張り屋さん。やってきたことを認め、評価してあげるといい

●ＳＵＮ・・・気分転換させてほしい
・優しい励ましの言葉や激励よりも、ブルーな気持ちをパァーっと盛り上げてほしい
・予約のとれない高級レストランでの食事など、非日常を味わえるイベントで気分転換
・会社、仕事から一旦離れて、体を動かしたり、お酒を飲んだりするなど意識を逸らす

3―7　悩みは誰に相談すればいいだろう？

少しだけ趣旨がズレますが、恋の悩みのような、「個人」に対する相談は誰にすればいいでしょうか。実は意外とここが盲点なのです。相談はどうしても「自分が話しやすい人」「いつも聞いてくれる人」にしがちではありませんか。それが逆に解決を遅らせたり、間違った対応をすることに繋がります。

「個人」に対する相談は、その対象となっている「個人」と同じ3分類であったほうがいいということです。もっと突っ込んだ話をすれば、同じ動物キャラのほうが絶対にいいわけです。相手が思うだろう考えや心境により近づけるということですからね。

恋の悩みに限定することはありませんが、相手の個性に合わせて相談するといいでしょう。

相手がＭＯＯＮならＭＯＯＮに、ＥＡＲＴＨならＥＡＲＴＨに、ＳＵＮならＳＵＮに。

ではここで、人間関係3分類が得意な悩み相談は…

●MOON・・・プライベートで日常的な相談を持ち掛けるならベスト
●EARTH・・・具体的な答え、解決方法を求めるにはベスト
●SUN・・・力強く、背中の後押しを求めるならベスト

3―8　嘘のサイン

●MOON・・・普段ではありえないほど多弁。言わなくてもいいことまで口にしてしまう
●EARTH・・・落ち着きがなく、挙動不審に目がさまよう。視線が合わなくなる。すべて目に出ます
●SUN・・・表情が変わる。顔色が変わる。感情が顔に出やすいので顔でわかる

3―9　相手に「OK」をもらいたいとき・説得したいとき

●MOON・・・「あなたにしか頼めない」と素直に心の内に飛び込んで
●EARTH・・・負けず嫌いなので競争心を駆り立てる。ライバル意識を煽ってみる
「○○さんにお願いしようかな。そのほうがうまくいくかもしれないな…」
●SUN・・・特別な自分にプライドを持つので持ち上げられると気持ちが動くので褒めちぎる
「君以外にこの仕事をこなせる人材はいない」「部長がこの仕事は君以外の人間には任せられないと言っている」

３―10　アポイントを取るときの相手の反応

●ＭＯＯＮ・・・あなたに合わせるよ！　いつでもいいよ（相手軸なので、相手に合わせたい）
●ＥＡＲＴＨ・・・いつといつが空いているから、そのいずれかで（ここでもマイペース）
●ＳＵＮ・・・前日か当日にまた電話ちょうだい（気分次第、その当日じゃなきゃわからない）

３―11　食事に誘う際、何を大切にする？

●ＭＯＯＮ・・・会話重視なので、一緒に行く人が大切
●ＥＡＲＴＨ・・・コスパ重視なので、何を食べるかが大切
●ＳＵＮ・・・レア感、ステータス重視なので、どこで食べるか、お店選びが大切

　なかなか予約の取れないお店などは効果てきめんかも

いかがでしたか。人間関係３分類が異なれば、価値観、目標、目的意識、行動パターンはもちろん、励まし方、謝り方、メールの書き方など、あらゆる部分においてこれだけ違っていたことに改めて気づかされます。

　ある意味これは「言語レベルで異なっている」そんなイメージを持ったほうがいいかもしれません。ＭＯＯＮはひらがな表記で日本語、ＥＡＲＴＨは漢字表記の中国語、ＳＵＮはキャラクターそれぞれでも使っている言語が異なっていると思えば違いを認めやすくなります。

　このような違いを知ることによって、かなり確率の高いアプローチが可能となります。

コミュニケーションはプレゼンテーション

第1章の5で「コミュニケーションとは相互理解」とお伝えいたしました。個性心理學という考え方に出会い、個性や価値観、考え方が違うことを知ったからこそ「相互理解」という意識がとても大切だと実感するようになりました。

しかしその一方で、コミュニケーションはプレゼンテーションそのものであると考えています。自分の考えや思いをどう相手に伝えるか。少しでも多くの理解と賛同をいただくか。そして皆さんは、プレゼンテーションの成功と失敗の違いをご存じでしょうか。

2015年に、マイクロソフトエバンジェリスト西脇資哲さんの講演をお聞きしました。そこで学んだことが質問の答えになります。プレゼンテーションの成功は「たった1人だけでもいい。何かの行動に移した人、何かのアクションを起こした人がいたかどうか」ということです。自らの発信で、誰かの心を動かし、そのまま次の何かの行動へと導けたかどうか、これが重要だということです。

これだけの違いがあることを知った今、普段のコミュニケーションの多くは「伝わっていない」可能性が高かった。それは同時に、プレゼンテーションは失敗だらけだったということです。

上司、同僚、部下、そして家族。どのような関係であっても伝えたい何かがあるとき、プレゼンテーションだと思えば、相手に興味を持ちながら、どう言えばいいか、どう伝えればいいかを考えることができます。プレゼンにも準備が必須。その準備ができたらもうこっちのものです。

第5章　実践編その2

自分の言いたいことが伝わる3分類別「聞き方と伝え方」

1　3分類別「聞き方と伝え方のポイント」

コミュニケーションも事前準備が超重要

いまさらのように思うかもしれませんが、やはり何事においても「事前準備」はとても大切ですよね。社会人になりたての頃、新入社員研修でその大切さを学びました。三つ子の魂百まで、という言葉がありますが、社会人としてはまだまだ幼い新人時代に学んだことが、今でもしっかりと脳裏に焼き付いていて、その大切さを日々実感させられます。

どのような業務においても、やはり事前準備は大切ですが、そこで質問です。皆さんは「コミュニケーションの事前準備」をどこかで学んだでしょうか。学んだことがあるでしょうか。ほとんどの人はないと思います。だからコミュニケーションが難しかったのです。わからなかったのです。事前準備ができていなかったからこそ、すれ違い、衝突し、人間関係は面倒なものだと感じ、人と関わることが嫌になってしまうのだと考えます。

個性心理學はまさに「コミュニケーションの事前準備」なのです。違いを知ること。どう違っているかを知ること。そしてその違いをより具体的にわかりやすくまとめています。ここでお伝えする「人間関係3分類」は1つ前の章で「徹底比較」もしたように、その違いはシンプルかつわかりやすい、すぐに「あの人がそうかもな」とイメージまでできてしまう。この後に続く内容だけでも意識をしてみると、今までとはまるで違う世界に見えてくるかもしれません。

「何を伝えたいか、何を大切にしているか」を知ること

では具体的に、相手の話を聞くにはどのような心の準備が必要になるでしょうか。やはり大切なことは、目の前の人が「どのようなことを伝えたい人なのか？　何を大切にしている人なのか？」ということだと思いますし、そこに関心が持てているかどうかだと思います。どんなことを伝えたいのか、何を大切にしているのか、それらをしっかりと知識として情報として把握しておく。そのような事前準備ができていないと、私たちはおそらくこう思うでしょう。

「話が長いな。早く結論を言ってくれないかな」
「結論と理由や根拠ばかり。あなたの思いを知りたいんだよね」
「うわっまた面倒な話をするんだろうな。ムリ！　もう聞きたくない」

動物キャラが違えば、人間関係3分類ＭＯＯＮ・ＥＡＲＴＨ・ＳＵＮのグループが違ってきます。その違いの通りのままに伝えたいことや大切にしているものが異なってきます。話す、伝えるということは、その時点ですでに「相手（聞き手）に何かを求めている」のです。求めているものは何なのか、それを推測するのが「聞き方（インプット）」であり、それに合わせた対応、これが「伝え方（アウトプット）」になると考えています。では実際に3分類の違いが、どのような話し方や伝え方になっているのか、その傾向を解説いたします。

①MOONグループの特徴（イメージは「いい人チーム」）

●「理由」が大事→理由に従う、理由を持ちたい

・立場、メンツにこだわる（満月チーム：黒ひょう・ひつじ）
・人の心を照らす（満月チーム：黒ひょう・ひつじ）
・目立たないが存在感がある（新月チーム：こじか・たぬき）
・いつも出番待ちのイメージ（新月チーム：こじか・たぬき）
・相手によって形を変える（相手に合わせる）
・人に振り回される（相手軸）
・一緒にいると「ほっとする」
・夢がある、理想が高い
・他人と競争したくない（ひっそりと輝いていたい）
・他人に影響力を与えたい（月の引力）
・話が長い
・人から頼まれると断れない（NOとは言えない）
・ムダが多い（自分ではそこまで思っていないが、他グループからは多いと思われている）
・目に見えない気持ちや思いが大切

理想や思いを聞いてほしいし伝えてほしい

一言で言えば、「前置きが長い」という言い方になる傾向にあります。何よりも大切なのは、目には見えない気持ちや思い。それを重要視するＭＯＯＮグループの話し方は「ストーリー」のイメージです。前置きが長くなり、時に結論を忘れてしまうことも。今日はこんなことがあって、あんなことがあって、最終的には自分はどんな思いを抱いたのか、何を感じたのかを教えたい、伝えたいという傾向にあります。そのため、こうです、ああです、そのように言い切る言い方ではなく「こう思います」「ああ思います」となりがちでしょう。私もこのグループですので、どうしても無意識に文章の最後は「思います」で終わっていることが多いのです。

最後まで聞いてほしいのです

自分の身に起こったこと、そして、どう思ったか、どう感じたのかを話したいＭＯＯＮグループ。そのためどうしても会話、報告も話が長くなりがち。だからこそ気を付けていただきたいことがあります。結論を急がせてはなりません。

「結論は？」「何を言いたいの？」そのような言葉を投げかけると、最後まで聞いてくれないのだなと感じ、「いいです」と話を途中で止めて、伝えることを諦めて寂しい思いをしてしまいます。

思いを知ってほしいのです。思いを伝えたいのです。相手に迷惑をかけたくないとも思う傾向にあるため、具体的な解決を望んでいるわけでもなく、ただ聞いてほしいだけなのです。

あなたの思いや理想を聞きたいのです

大切なのは「あなたの思い」です。どんな思いでやっているのか、どんな思いで言っているのか、その理由が何よりも大事なのがＭＯＯＮグループの特徴です。そのため、「なんで？　どうして？」という言葉が多くなりがちです。

不平不満ではなく、ただ理由を知りたい、聞きたいのです。こちらの思いや理想、それをやる理由を明確に伝えることで、こちらの考えが伝わりやすくなります。

気遣いがとても嬉しいのです

ＭＯＯＮグループは常にどこか「相手軸」で物事を考えています。だからこそ、口癖は「あなたのため、みんなのため」かもしれません。常に周りを見ている、常に周りに合わせようとするため、普段はあまり積極的なタイプには見えないかもしれません。だからこそ嬉しいのは「気遣い」なのです。「あなたはどう思いますか？」「あなたはどう考えますか？」そのような言葉がけがどこか嬉しいのです。

しかし、「和」をとても大切にし、もめ事や争いが苦手なため「みんなと一緒」「あなたと一緒」それが自分の意思となり、意見になりやすい傾向があるため、優柔不断、自分の意見がないように思えてきますが、本人にとってはそれでいいと思っている傾向にあることを忘れないでほしいなと思います。

また、打ち合わせやミーティングなどにおいて、時間が長引いでも「次の予定があるのですが…」となかなか自分から切り出せなかったりもしますので、そこでの配慮もあるととても喜ぶかもしれません。

②EARTHグループの特徴（イメージは「しっかり者チーム」）

●「想像」と「結果」が大事→想像を楽しむ、結果を楽しむ

・現実的（地に足がついている）
・変化に富んでいる
・E（エコロジー）→「ムダ」をなくす、「ムダ」が嫌い
・ART（アート）→芸術性、創造性に長けている（自分でつくり出すのが得意）
・T（タイム）→時間や数字で言われないとわかりづらい
・H（ヒューマン）→人間に最も興味がある、人間観察が好き（比較の「H」比べがち）
・自己中心的（地軸＝自分を中心に回っているイメージ）
・等身大
・マイペース（とにかく自分のペースを大事にしたい、守りたい）
・競争して勝利したい（ライバルの存在でより頑張れる）
・使えるか、使えないか、活用できることが嬉しい

・「ムリ」しがち、頑張り屋さん
・形あるものが好き
・結果、数字、お金、質（クオリティ）重視

結論、根拠や目的を聞いてほしいし伝えてほしい

単刀直入に、結論から伝えるタイプなので、やはり言い方も結論ありきになります。何よりも大事なのは、いつまでにどのような結果を出せばいいのか？　それをやる目的は何なのか？　そしていつまでにやればいいのか？　ということ。そのためには無駄を徹底的に省きたいのがEARTHグループです。

思いや感情は一旦置いておいて、よりよい結果に繋げていくための具体的な内容を求めるだろうし、伝えたいと思うでしょう。どんな結果を出したいのか？　なぜその結果が必要なのか？　より明確な目標と、目的意識を話す、伝えるというイメージで話すといいでしょう。

何よりもペースを乱さないでほしい

どのように言うか、話すか、伝えるかの前に大切なことがあります。EARTHグループが重要なのは結果を出すこと。そのために段取りを組んでいます。ペース配分をしています。そのためとてもマイペースなのです。だからこそ、ペースを乱されることをものすごく嫌います。

ＥＡＲＴＨとのコミュニケーションは実は「メールでのやり取り」のほうが喜ばれるかもしれません。「ペースを乱さない」という心遣いがとても嬉しいのです。急を要する場合は仕方ありませんが、そうでなければ要点だけまとめて、わかりやすく簡潔にメールで伝える。前置きは不要です。メールの内容、やり取りにも「無駄なく効率よく」という個性が発揮されるのがＥＡＲＴＨグループです。そして「いつまでに」という納期も付け加えると、ペースをつくれるので嬉しいでしょう。

数字を使って伝えてほしい

目で見えるもの、形あるものが好きなＥＡＲＴＨグループは、尺度が測れる「数字」で伝えてくれるととても理解しやすい傾向にあります。例えば道案内を求めてきた際、「信号３つ目を右へ」「ここから5分くらいいった先」「ここから１００メートルくらい向こう」と言った感じでしょうか。

このように数字を使って伝えてくれるとすごく理解が早いのですが、ＥＡＲＴＨグループはマイペースなので、「一緒に行きましょうか？」は不要。大半は断るでしょう。冷たく感じるかもしれませんが、何よりも自分のペースを最優先させたいからの返答だと受け止めましょう。

「白か黒か」「ＹＥＳかＮＯか」

何よりも曖昧なことには耐えられず、「白か黒か」「ＹＥＳかＮＯか」をハッキリさせたいグループです。何度もお伝えしていますが、会話やり取りの中で求めるものは「結論」であり、「目的」

「根拠」だけなので、前置きや長い説明は不要です。

必要以上に遠回しな表現、回りくどい表現も苦手なのでストレートに伝えたほうが効果的です。

本音を真顔でズバッと伝えてきます

ＥＡＲＴＨグループは真顔で結論や本音をズバッと言います。決して怒っているわけではありません。本音で言い合える人なのかどうか、それがこのグループにとってとても重要なことなのです。

③ＳＵＮグループの特徴（イメージは「ひらめき天才チーム」）

●「保護」「擁護」→プライドや立場を「守る」、弱いものを「守る」

・Ｓ極とＮ極の両極が入っている→ＯＮとＯＦＦがハッキリしている
・のっているときとそうでないときはまるで別人
・自分で自分がわからない（気分屋・お天気屋）
・いつも光り輝いていたい
・燃え尽きてしまうかもしれないという不安がいつもどこかにある（実は不安がガソリン）
・すべての中心でありたい
・太陽がなければ始まらない（自分がいなければ始まらない）
・内外の落差が大きい

・近づきすぎると暑く、離れすぎると寒い
・つかみどころがない
・細かいことはいちいち気にしない
・すべてお見通しである
・「ムラ」がある
・特別な存在でありたい、いい影響力を持ちたい

ノリとひらめきと直感を大切にしてほしい

ＳＵＮグループは他のグループと明らかに大きく違っています。何よりも直感ひらめき感性が強いため、目の前にいるあなたがどんな気持ちでいるか、ここに気づくような、察してしまうようなところがあります。そのため、あなたの気持ちが乗っていれば、それに合わせるようにノリノリで話してくれるだろうし、気持ちが乗っていなければ、全く盛り上がりに欠けるでしょう。

ひらめき直感で話をしますので、話がころころと転がるように、二転三転していくのがＳＵＮグループの話し方。まさに「話が飛ぶ」というのがこのグループの特徴です。

とにかくひらめきや直感で突拍子もないことを考え、思いつくグループですので、それを否定しないでほしいのです。「そのアイデアいいね！」「その思いつきナイスだね！」そのように言われるととても気持ちがよくなり、どんどんいろんな意見アイデアを出してくれるでしょう。

一を聞いて十を知る

まさにこれを地で行くのがＳＵＮグループ。それくらいに呑み込みが早いため、くどくどと長い話は禁物です。せっかくのやる気スイッチが、長い話で急にＯＦＦに切り替わってしまう可能性があります。とにかく「長い」というイメージが浮かんだ瞬間「面倒くさい…」という気持ちが強くなり、あとは全く聞いていないに等しい状況となります。

何事もポイントをおさえて、要領よく、端的に短く、極端な話、会話ではなく「単語」でのやり取りのほうが伝わりやすいかもしれません。枠にはめることもせず、自由の中で力を発揮するので、細かい指示は逆にＮＧ。「任せた！　頼んだ！」そんな勢いが時に大切になります。

何事も実は気分次第なのです

大切なのはそのときの気分です。気分が乗っている＝スイッチＯＮ。気分が乗っていない＝スイッチＯＦＦ。この差がとても激しいため、そこの見極めからがコミュニケーションがスタートとなります。顔色をうかがう、それがまさに大事なことになってきます。

ＳＵＮグループは自分自身が「察する」という個性を持っているために、皆さんに対してもどこかで「察してほしい」「言わなくても見ればわかるよね？」ということを期待し、願っています。そこに気づいてあげると嬉しいのです。

スイッチをOFFからONにしてあげよう

このグループは「面倒くさいスイッチ」を持っているイメージです。そのスイッチが今ONなのか、OFFなのか、これがとても重要なため、OFFの場合は話してもくれません。「今、無理です」そんな感じで取り合ってもくれません。

スイッチをONにさせるためには「褒める・おだてる・任せる」が有効的。それも端的に短く「さすが・すごい・すばらしい」。特別感を持ち、いい影響力を持ちたいと願うSUNグループは、褒められることによる特別感でスイッチが入りだします。

2　3分類で違う「褒められたいポイント」

高く評価し、それを口で伝える行為が「褒める」です

前章の3分類徹底比較において、実は「褒め方」について具体的に取り上げてはいませんでした。いよいよここで、どのように誉めればいいのか、どこを褒めればいいのかとまとめていきます。

人間関係3分類のMOONグループは、「気持ちや思い」を大切にしています。何を褒めてほしいか、どこを褒めてほしいか、それは心遣いや気遣い、心配り、そしてどのような思いでそれをやったのかという「思い」そのもの褒めてほしいのかもしれません。「こんな思いでやってたんだね。ありがとう。助かったよ！」そういった言葉がけがとても嬉しいかもしれません。

ＥＡＲＴＨグループは結果主義の実力タイプ。やった結果、出した結果、そしてその頑張りを認め褒めてほしいグループ。ムダなことは嫌い、意味のないことはしない可能性高いグループなので、変に誉めすぎることは逆効果。

ＳＵＮグループは大物思考で特別感大好き、ＶＩＰ待遇大好きグループ。「自分自身という存在そのもの」を認め褒めてほしいグループ。すごい自分、影響力のある自分に憧れているため、ＥＡＲＴＨグループとは異なり、結果や実力の前に「その人本人」を褒めてあげることが重要です。

ＳＵＮグループには、先ほどのスイッチの例のように「さすが・すごい・すばらしい」という短く端的な誉め言葉で充分なのですが、ＥＡＲＴＨグループにこの言葉の多用は逆効果。結果を出せていないとき、実力不足だと感じるようなときに褒めまくられると、「何か下心でもあるの？」そんな風にどんどん不信感ばかりが募っていきます。どの部分がすごいのか、どのような能力がすごいのか、より具体的なポイントを絞って褒めて認めてあげることが大切かもしれません。

そしてＭＯＯＮグループの多くの人は、さすがですね、すごいですね、素晴らしいですね、なんて言われた際には「いえいえ、そんなことありませんよ」と謙遜しながらも、内心はもちろん嬉しがっていることと思います。

最後にもう一度簡単にまとめると、ＭＯＯＮグループは「心遣い、気遣い、心配り」を、ＥＡＲＴＨグループは「結果、能力、実力、頑張り」を、ＳＵＮグループは「その人本人のこと」をそれぞれ褒めて認めてあげることで、モチベーションをアップさせることができるでしょう。

第6章　実践編その3

自発的行動へと導き促す動物キャラ別「やり方と引き出し方」

1　動物キャラ別「やり方と引き出し方のポイント」

「どんなやり方をしたいのか」それを尊重すること

先ほどまではＭＯＯＮ・ＥＡＲＴＨ・ＳＵＮと呼ばれる3分類でのポイントをお伝えしてきましたが、今度は動物キャラクターで表される12分類のお話になります。

動物キャラクターは、たとえ価値観が同じだとしても、具体的なやり方や方法、丁順などが異なります。とにかくまずはやってみたいのか？　やる前にしっかりと準備を整えたいのか？　短期決戦？　長期展望？　などの違いがそのまま「その人のやり方そのもの」となります。そして人は、それでいいのかどうなのかを、周りに確認したり許可がほしくなりますので否定せず尊重してあげましょう。

聞くことが何よりも最優先。それが「引き出す」に繋がる

コミュニケーションで大切なのは「どう話すか」の前に「どのように聞くか」なのだと考えています。自分の個性というフィルターを通しただけで、確実にそこにズレが生じます。相手がほしい答えから、自分が言いたいこと、自分が伝えたいことに変換されてしまい、結局は、ほしい答えが返ってこないので、また別の人に聞いたり、確認を求めにいってしまうのです。

どう話すか、どう伝えるかにフォーカスしてしまいがちですが、実は「相手が何を求め欲するタイプなのか」がわかれば、それに沿った答え、ほしいだろう答え、求めるだろう答えをこちらが推測しながら回答する、さらには、ほしいだろう答えを上回る「大切な何か」を引き出してあげることすらできるようになります。そのようなやり取りが「信用・信頼」を築き上げるのだと思います。

絶対に否定しないこと

これは動物キャラクター以前の話なのですが、やっぱり人は誰も、否定されたくはありません。肯定してほしい、認めてほしいのです。「自分の言うことをよく聞いてくれる人だな」「安心していろんなことを話せるな」そのような土台なくして、コミュニケーションはよくはなりません。

コミュニケーションは野球のバッテリーのようなもの

コミュニケーションを野球のバッテリーに例えるとわかりやすい。ピッチャーがどのような球種を投げるのか、それを知らなければ、いくら腕のいいキャッチャーでも捕球は容易ではありません。事前のサインで意思疎通を図っているからこそ、１５０キロを超えるボールでも取れるのです。

相手が投げてくる球種、投げたいだろう自信を持った球種、それを予測してこちらが準備をする。

実際のサイン交換はしませんが、実はコミュニケーションそのものが「サイン交換」をする前の準備であり、サイン交換そのものなのかもしれません。

①狼の特徴（イメージは胎児）

●人間関係3分類…EARTHグループ（結果重視・形あるもの・しっかり者チーム）
●行動パターン…目標指向型（段取り重視・目標達成型・期限を決めて動く）
●心理ベクトル…未来展望型（希望的観測・楽観論者・うまくいったらどうしよう）
●思考パターン…右脳型（直感やイメージ重視・精神的満足が優先）

・1人だけの時間と空間を好む
・初対面では心を開かない
・自己流で、ナンバーワンを目指す
・「変わってるね」「個性的だな」「変人」は誉め言葉
・思ったことはハッキリ言う
・言葉足らずなところがあり、誤解されやすい
・何事も計画通りに進めたい
・非凡でユニークな人生を願っている
・愛情豊かで、家族思い
・すぐにメモをとる習慣がある
・時系列での記憶力が高い

狼は何を望み、どのようなやり方をしたいのか

狼が何よりもこだわるのが「自分のペース」と「独自性」です。

半年先だろうが、１年先だろうが、予定は予定です。その予定を間近で変更されることに、ものすごくストレスを感じます。そのため、できるかぎり予定変更は早い段階で伝えておくことが大切です。何事も深くじっくり考えて行動に移すので、融通が利かないように見えてしまいます。時系列での見方、捉え方、そして記憶力に優れているので、予定通りに行うこと、計画通りに進めること、これが狼にとってはとても大切で、楽しいこと、面白いことになりますし、達成感に繋がります。

そして他のキャラと大きく異なる個性が「独自性」です。簡単に言えば「人の真似はしたくない」「人と同じは面白くない」という感覚をとても強く持っています。そのため、何よりも「同じを求められること」が苦痛で、ストレスになってしまいます。常に自分流、自己流をという意識があり、マニュアルもどこかアレンジを加えてやってしまうような傾向にあります。平凡や流行を嫌うため、まさにイメージは「オンリーワンでナンバーワンを目指す」というタイプです。

感受性が強いので、周りの人たちの影響を受けやすいという特徴があります。相手の気持ちによって自分自身も上がったり下がったり。できれば大人数より少人数での対応を好みます。

強い独自性を持つ反面、意外に自分１人では決められない部分もあるため、誰かがリードしてくれたら楽かもしれません。まさに胎児のごとく、自分の意思ではなく誰かの意思に乗っかって進みたい人です。

②こじかの特徴（イメージは赤ちゃん）

●人間関係3分類…MOONグループ（人柄重視・気持ちや思いが大切・いい人チーム）
●行動パターン…状況対応型（臨機応変・成功願望・期限を決めるとストレス）
●心理ベクトル…未来展望型（希望的観測・楽観論者・うまくいったらどうしよう）
●思考パターン…右脳型（直感やイメージ重視・精神的満足が優先）

・好奇心旺盛だが臆病
・好き嫌いが激しい
・行動範囲が限られている
・直感で相手の人柄を見抜く
・人見知りだが、親しくなるとわがまま
・教え上手、育て上手
・感情を隠し切れない
・とにかく、かまってほしい
・いくつになっても無邪気で天然
・どこでもいじられ役
・愛情が確認できないと不安になる

こじかは何を望み、どのようなやり方をしたいのか

生まれたての赤ちゃんに例えられるこじか。いろんなことに興味を示し、試したいと思う反面、臆病でなかなか手が出せなかったり。好き嫌いもはっきりしているので、心の中では「どうしてもやってみたいこと」がどんどん明確になっていきます。そんなとき、「誰か背中を押してくれないかな」そんな風に思っているかもしれません。そもそも弱いイメージのキャラなので、力強く押されたいのではなく、軽いタッチで。「大丈夫！　やってみよう！」そんな風に押してほしいのです。

警戒心が強めで、人見知りなこじかは、「この人は大丈夫」と安心感を抱いた人とは、どんどん距離が縮まっていきます。「聞いて聞いて」そんな風に近寄ってきても、冷たく断らず、優しく聞いてあげながら、背中を押してあげるといいでしょう。

年齢を重ねるに従い、実年齢と、精神的な年齢との差を感じ、多くの人はそんな自分をなかなか認め受け入れ許せずにいるかもしれません。だからこそ、しっかりやろう！　頑張ろう！　という意識もどこか強くなりやすいかもしれません。常にどこかに不安を抱え、どことなく自信なさげに見えるかもしれませんが、それを受け止め受け入れながら、柔らかく包み込むような優しさでみてあげると嬉しいでしょう。

自分の心にも気持ちにも感情にも嘘がつけないので、いい意味で顔にそれらが出るのがこじか。「大丈夫です」と口では言うものの、顔は全く笑っていないこともあるかもしれません。やはり先ほどのように、心境を察して優しく聞き出してあげながら、心強い味方になってあげてください。

③猿の特徴（イメージは小学3年生）

●人間関係3分類…ＥＡＲＴＨグループ（結果重視・形あるもの・しっかり者チーム）
●行動パターン…目標指向型（段取り重視・目標達成型・期限を決めて動く）
●心理ベクトル…未来展望型（希望的観測・楽観論者・うまくいったらどうしよう）
●思考パターン…左脳型（理論やデータ重視・金銭的満足が優先）

・愛嬌たっぷりの人気者
・なんでも器用にこなす（手だけでなく、足も器用かも？）
・褒められたいがゆえにがんばる
・細かなこと、小さなことによく気づく
・早とちりや早合点の多い慌て者
・何事も短期決戦タイプで持久戦や長期戦は苦手
・すべてにおいてカジュアルな雰囲気が好き
・実利にめざとく、計算能力が高い
・モノマネがうまい
・同じ場所にじっとしていられない
・目的、指示を細かく明確に伝えてほしい

猿は何を望み、どのようなやり方をしたいのか

とてもいい意味で何事も「ゲーム感覚」で取り組めるのが猿の特徴。堅苦しい雰囲気は苦手で、常に明るく楽しく振舞っていたいと思っています。それが時に「今それ言う？」そんな空気を読まない発言に繋がりますが、これは全く逆で、猿としては「空気を読んでの発言」だったりするのです。堅苦しい雰囲気で何がどう話が進むのか？　和やかにしようとしての気遣いでもあるのです。

大きな特徴は「見よう見まねが得意」で「細かさが重要」ということです。手先の器用さはもちろん、足も器用かもしれません。目で見て捉えたその情報を、そっくりそのまま実行できてしまう猿は、物覚えも早く、すぐに同じようにできてしまいます。その反面、なかなか長く継続することもないかもしれません。継続すればするほど身について、本当の実力となっていくので、褒めておだてて伸ばしていくといいでしょう。また、見よう見まねが得意ということは、せっかくであれば、すごい人を真似てみるのも大きな成長に繋がるでしょう。

そしてとても大切なのが「細かな指示とアドバイス」です。初めてやることには特に「細かな指示」を求めます。例えば、コンビニでお茶を買ってきてほしいとします。その際は①どこのコンビニ、②メーカーと商品名、③容量、④本数、⑤ホットかアイスか、このようにより細かく伝えたほうがスムーズです。その指示通りに実行すること、まさにチェックシートにチェックを入れていくようなやり方がいいでしょう。結果がすぐに目で見てわかる。これが猿にとって面白いのです。慣れるまでは「細かさ」を求めたいので、「自分で考えなさい」と突き放さないように注意したい。

④チータの特徴（イメージは高校3年生）

●人間関係3分類…SUNグループ（直感重視・特別感と影響力・天才チーム）
●行動パターン…状況対応型（臨機応変・成功願望・期限を決めるとストレス）
●心理ベクトル…未来展望型（希望的観測・楽観論者・うまくいったらどうしよう）
●思考パターン…左脳型（理論やデータ重視・金銭的満足が優先）

・好奇心旺盛でどんなことにも果敢に挑戦
・プライドが高く、強気で短期
・逆境に強い超ポジティブ思考
・常に中心人物でいたい
・攻撃は強いは、守備は弱く、撤退も早い
・ほしいと思ったらすぐ買う。待てない
・成功願望が強く、競争心も旺盛
・肉（特に焼肉）が主食
・早とちりでお人好し
・瞬発力はあるが長続きしない
・大きな数字には強いが、小さな数字には興味がない

チータは何を望み、どのようなやり方をしたいのか

チャレンジ精神の塊。それがチータのイメージです。ダメと言われればやりたくなる。そんな一見あまのじゃくのように見えますが、それだけいろんな可能性を試してみたい、探ってみたいと考えているのが大きな特徴です。いろんなことをやってみたい分、どうしても周りには「飽きっぽい」と言われ、思われてしまうのがチータなのですが、そもそもチータ自身は、継続することに対して、あまり重要性を感じてはいないのかもしれません。重要なのは「それで成功できるかどうか？」持ち前のひらめき、直感を使って、瞬時に自分に合う？　合わない？　を判断してしまうのかもしれません。また、満足と感じるまでの所要時間がとても短いのか、それも飽きっぽく見えてしまう理由です。私はこれを「満足度の器が小さい」と表現しています。それぞれ個性が違えば、こういった器の大きさが違うのだろうなと思っています。

つまり、チータはそれだけ「切り替えの早さ」が突出しているというイメージなのです・目の前の獲物を狩る、まさにハンターのようなイメージのチータ。つかみ取ったら満足、手にしたらその場で満足。そのため、買い物も買って終わり、使わずに終わり、本も読まずに終わることも多々あります。そのような小さいことは気にせず、常に前を向いて・・・いや、前しか向いていないようなイメージでもあるので、過去の小さなことは全然覚えていなかったり。思い出を語るより、未来とその可能性を語るほうが断然好き。そして、切り替えの早さは天下一品。叱られている最中からすでに気持ちは切り替わっていて、全然聞いていないこともあるでしょう。叱っても無駄かも？

⑤黒ひょうの特徴（イメージは大学生・成人）

●人間関係3分類…MOONグループ（人柄重視・気持ちや思いが大切・いい人チーム）
●行動パターン…目標指向型（段取り重視・目標達成型・期限を決めて動く）
●心理ベクトル…未来展望型（希望的観測・楽観論者・うまくいったらどうしよう）
●思考パターン…左脳型（理論やデータ重視・金銭的満足が優先）

・メンツやプライド、立場にこだわる
・常にリーダーシップを取りたい
・おしゃれで美意識が高い
・不正を許さない正義の味方
・新しいものや情報が大好き
・スタートダッシュに優れた先行逃げ切り型
・人に気を遣われると優しい（やさしくされると好きになる）
・傷つきやすいため、最後の心の扉は開けない
・いつまでも現役でいたい
・会話に主語が多い
・喜怒哀楽が、顔や態度に出やすい

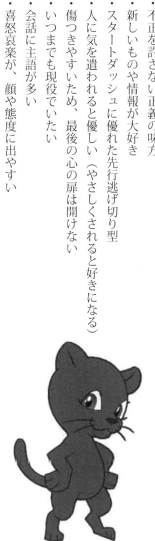

黒ひょうは何を望み、どのようなやり方をしたいのか

何よりも「かっこよくスマートにいたい」と願うのが黒ひょう。あらゆる場面にそれを求めます。個性心理學ではＭＯＯＮはひらがな表記。ＥＡＲＴＨは漢字表記と、見た目でもわかるような分類をしているのですが、唯一黒ひょうだけが「漢字＋ひらがな」なのです。白黒ハッキリが好きな黒ひょうが、実は一番曖昧だと感じる個性を持っているのかもしれません。自分に曖昧さを感じる。だから白黒はっきりさせたいと願う。では、黒ひょうが持つ「曖昧さ」とはどんなものでしょう？

ＭＯＯＮは争いたくないと強く願いますが、ＥＡＲＴＨは結果重視であり、勝ち負けにこだわる。つまり「争いたくないけど、勝ちたい」と願う傾向にあるのです。それもかっこよくスマートに勝ちたいので、理想は「圧倒的な勝利」「影も踏ませないような勝ち方」かもしれません。

争わずに勝つには何が必要か。常にそれをどこかで求めているかもしれません。そのため、身近な人から聞く最新情報は、興味津々な反面、実はちょっと面白くなかったり。先に知っているお前には勝てないよな・・・そう思って、テンションは上がらないかもしれません。

「できない」「知らない」「わからない」「やれない」こういったことは、そのままかっこ悪いイメージと繋がりやすく、どうしても強がって知ったかぶりをしてしまうようなこともあるかもしれません。とても世間体を気にするため、大勢の前ではそのような態度対応を取りがちになるので、重要度の高い用件などは、ぜひ一対一で。褒めるのは大勢の前で大丈夫ですが、注意やアドバイス、叱ったりする場合も絶対に一対一を心がけてほしい。必要以上にプライドが傷ついてしまいます。

⑥ライオンの特徴（イメージはエリートビジネスマン）

●人間関係3分類…ＳＵＮグループ（直感重視・特別感と影響力・天才チーム）
●行動パターン…状況対応型（臨機応変・成功願望・期限を決めるとストレス）
●心理ベクトル…過去回想型（悲観的観測・慎重派・失敗したらどうしよう）
●思考パターン…左脳型（理論やデータ重視・金銭的満足が優先）

・自己中心的で人の意見は無視
・マナーが悪い、品がない、常識がない人を嫌う（礼儀礼節態度が大事）
・決して弱音は吐かず、一切の妥協を許さない
・人に厳しく、自分に優しい甘えん坊
・期限のいいときと悪いときの落差が激しい
・何事もその道のプロを目指す
・生まれながらの統率者、完璧主義者
・責任感が強く、味方は最後まで絶対に守る
・漠然とした話が多く、数字や計算に弱い
・プライドの高さはナンバーワン
・徹底的にこだわる

ライオンは何を望み、どのようなやり方をしたいのか

完璧主義で一切の妥協をしないプロフェッショナル。それがライオンのイメージです。しかし、先ほどの黒ひょうを含め、実はライオンもネコ科の動物なので、本当は甘えん坊で子猫ちゃんになりたいときもあるのです。甘えん坊の姿は、誰にでも見せることができるわけではないので、信用信頼を築きながら、「弱いところを見せても大丈夫」という関係性ができたら双方にとって嬉しいこととなるでしょう。また、弱音も吐きたくはありませんが、心許せる人、安心して子猫ちゃんを出せる人には、弱音は漏らすでしょうし、聞いてほしいだろうと思います。それだけ常に責任感とプレッシャーと戦っているのです。そのように、周りからどう見られるか、常に世間体を意識しているため、ちょっとした外出でもどうでもいい服装では出歩かないような人ではありますが、完全なオフのときは、人には見せられないような姿で過ごしているかもしれません。突然のお宅の訪問などはぜひ控えていただきたいなと思います。

ライオンは百獣の王、そしてエリートビジネスマン、やり手の部長課長クラスのイメージでしょうか。ということは、命令される立場ではなく、逆に指示命令をする側。ぜひ気を付けていただきたいのは「上から目線」「命令口調」は絶対にアウト！　それだけでカチンときてやる気を失います。「こうしてみたらどうかな」決めるのはあくまでも本人です。決めつける言い方、決定事項だけ伝えられるのも、本人としては面白くはないでしょう。「自分で決める」「自分で決めたい」その思いをしっかりと汲みながら、提案口調を心がけてください。

⑦虎の特徴（イメージは社長）

●人間関係3分類…EARTHグループ（結果重視・形あるもの・マイペース）
●行動パターン…目標指向型（段取り重視・目標達成型・期限を決めて動く）
●心理ベクトル…過去回想型（悲観的観測・慎重派・失敗したらどうしよう）
●思考パターン…左脳型（理論やデータ重視・金銭的満足が優先）

・悠然とした雰囲気を持つ自信家
・面倒見がいい親分肌、アネゴ肌
・お世辞を言わず、おだてにも乗らない正義の人
・モットーは：自由、平等、博愛」
・自分の生活圏（縄張り）を大切にする
・カラフルなおしゃれが好き
・本音で生きる頑固者
・白、黒、けじめははっきりとつける
・キツメの冗談や笑い話が好き（笑いながらきつい一言）
・意外と器用貧乏
・相手の「言い方・言葉遣い」が気になる

虎は何を望み、どのようなやり方をしたいのか

もしかすると、一番動きが遅い、一歩目を踏み出すまでに時間を要するのが虎かもしれません。イメージは社長。気を付けていただきたいのは「命令はしない」「急かさない」ということ。すべてを把握したい、メリットはもちろんデメリット、リスク、全体像をつかめるまでは、なかなかその足を踏み出さないでしょう。そして把握ができたらいよいよ納得して、動き出します。

だからこそ、虎は急かされることをとても嫌います。そして急かされているということは、どこか「命令されている」というように感じるからか、なおさら動こうとはしなくなります。

ライオンと同様、上から目線は嫌がります。ライオンは「礼儀礼節態度」が重要なのに対して、虎は「言い方・言葉遣い」を重要視。「何？　その言い方」「何？　その言葉遣い」そのような言葉で怒ってくるでしょう。言い方、言葉遣い、特に「語尾を丁寧に」を心がけてほしいなと思います。

そしてさらに重要なのは「バランス」です。常に頭のどこかには「バランス」というキーワードがあるようなイメージ。だからこそ、バランスが悪いものを嫌がります。そのため、小さなズレなども見逃さないかもしれません。全体像を把握し、バランスよく整えることが虎の得意技かもしれません。信じられないかもしれませんが、虎は実は「お腹のバランス」も大切で、空腹になると途端に集中力が切れてしまうことがあります。

打ち合わせ、会議などの際には「何か食べてからにしませんか？」そんな気遣いがあると大喜び。そもそも親分肌の虎。お腹を満たしたら「任せて」と快諾して、物事がスムーズに進むかも？

⑧たぬきの特徴（イメージは会長）

●人間関係3分類…MOONグループ（人柄重視・気持ちや思いが大切・いい人チーム）
●行動パターン…状況対応型（臨機応変・成功願望・期限を決めるとストレス）
●心理ベクトル…過去回想型（悲観的観測・慎重派・失敗したらどうしよう）
●思考パターン…左脳型（理論やデータ重視・金銭的満足が優先）

・古いもの、アンティークが大好き
・なぜか根拠のない自信がある
・ムードメーカー的存在で天然ボケが魅力
・頼まれると断れない
・他人の話をすぐ自分の話にする特技がある
・行きつけの店にしか行かない
・「わかりました」と返事はいいが、すぐ忘れる
・年上、年配の人に受けがいい
・ポーカーフェイスで用意周到
・どんな相手とも上手く合わせられる（化けられる）
・何事も経験と実績を重んじる

たぬきは何を望み、どのようなやり方をしたいのか

たぬきのイメージは「会長」、つまり、社長の虎よりも上の存在です。ライオン、虎と同様に「上から目線」「命令口調」は嫌いですが、あまりそれを表情には出しません。出さないからいいのではなく、そういった気遣い心遣いを忘れないで。内心は面白くないですからね。

大切にしているものは「経験と実績」です。何事も経験と実績を積んでから、というイメージなので、いきなり大きなことを成し遂げるタイプではないかもしれません。毎日着実に積みかさね、その積み重ねの先に将来のビジョンを描くようなイメージかもしれません。

普段は皆さんに「どうぞどうぞ」と譲るような、一歩引いたところで見守っている感じですが、何かことが起きれば「自分に任せて」と前に出てきます。まさにここぞが今までの「経験と実績」が役立つところだからかもしれません。調和をとても大切にするため、いい意味での八方美人なのですが、実はどこかでちゃんと計算、計画をしているようなところもあり、意外にしたたかに「手柄という獲物」を狙っているかもしれません。

ただただ周りに合わせるためだけの「八方美人」ではなく、他人の話、つまり他人の経験までも自分がした経験であるかのように吸収することができます。これも「化ける」イメージに繋がるかもしれません。自分自身の経験と実績、そして他人の経験までも自分で経験したかのように吸収できる能力こそが、たぬきの持つ個性の１つ「根拠のない自信」を生み出す素なのかもしれません。その自信を否定せず、どんどんお願いして頼ってみると、本人は嬉しがるでしょう。

⑨子守熊の特徴（イメージは寝たきり老人）

●人間関係3分類…ＥＡＲＴＨグループ（結果重視・形あるもの・マイペース）
●行動パターン…目標指向型（段取り重視・目標達成型・期限を決めて動く）
●心理ベクトル…過去回想型（悲観的観測・慎重派・失敗したらどうしよう）
●思考パターン…右脳型（直感やイメージ重視・精神的満足が優先）

・損得勘定に長けた倹約家で無駄を嫌う
・ボーっとしている時間でエネルギーチャージ
・負けん気が強く、最後に出し抜いて勝つのが好き
・笑いをとるための毒舌家
・ロマンチストで空想家だが現実的
・サービス精神旺盛で、人の喜ぶ顔が好き
・昼寝が好きで、夜が強い
・見つかったときの言い訳がうまい
・サプリメントや健康食品は必需品
・南の島や温泉が好き
・最悪のケースを考えてから行動する

子守熊は何を望み、どのようなやり方をしたいのか

動物キャラは、実は体質にもリンクしています。子守熊の多くは、体力に自信がない、できればあまり体は動かしたくない、そんな体力温存型の傾向にあります。そのため、どこか疲れやすく、体調を崩しやすいといった特徴もあります。実際の体力もそうですが、人がたくさんいるところでは、人の気のエネルギーの影響を受けやすいようで、そういったことからも体調を崩しやすい傾向があるようです。

そんな子守熊の理想は「最小限のエネルギーで最大限の効果を得る」といったところでしょうか。体力に自信がない分、頭脳はキレッキレ。ムダが大嫌いなので、しっかりと段取りを組んで、いろんなパターンを考えながら事に当たります。もし、どれだけ組み立てても勝てない、結果に繋がらないと判断すれば、試してみることすらしないかもしれません。「負ける勝負はしない」これが子守熊の常套手段だといえるでしょう。

自分自身がとても考えるタイプなので、真逆の個性をもつ「猿」のように、細かく教えてほしい人に対しては「自分で考えて」と少し素っ気ない態度を見せてしまいますが、それは自分自身がいろんなことを考えてやるからなのと、実は「その考えた方法こそが自分のやり方」と思えば、それをあまりオープンにはしたくない、知られたくない、そうどこかでひっそり思っていたりもします。

知られている、バレている、そういったことが実はあまり面白くないので、あまり詮索しすぎることなく、細かな指図もせず、本人の考えたやり方を最優先に実行を促すといいかもしれません。

⑩ゾウの特徴（イメージは危篤状態）

●人間関係3分類…SUNグループ（直感重視・特別感と影響力・天才チーム）
●行動パターン…状況対応型（臨機応変・成功願望・期限を決めるとストレス）
●心理ベクトル…過去回想型（悲観的観測・慎重派・失敗したらどうしよう）
●思考パターン…右脳型（直感やイメージ重視・精神的満足が優先）

・努力という言葉が嫌いな努力家
・細かい計算は嫌いというかできない
・その道のプロ、職人を目指す
・興味のない話は聞かない（聞こえない）
・身内びいきが激しく、敵は徹底的に叩きのめす
・報告、連絡、相談ができない
・堂々とした風貌とオーラで他を威圧
・すごく短気で、キレたら最強
・陰のリーダー的存在
・根回しと地ならしが得意
・問題発見のプロ（相手のやっていないところが見える）

ゾウは何を望み、どのようなやり方をしたいのか

ゾウは「危篤状態」のイメージ。これを聞いてあなたはどう思われますか？　簡単に一言でまとめるなら、「常に時間に迫られている」「俺たちに明日はない」といったところでしょうか。それくらい時間を大切にし、勿体ないと感じていますので、何よりも待たされることを嫌います。

危篤状態だとしたら、言葉は話せますか？　話せませんよね。そのイメージからも「報告・連絡・相談が苦手」という個性が出てきます。独立独歩のイメージで、１人でガンガン行動します。興味のない話はどこかスルーしているので、聞いていないように見えますが、聞いているけど、頭に残っていないというのが正しい表現かもしれません。それだけ興味のあることに没頭、集中したいと願っています。その思いと感覚とが「その道のプロ、職人」へと結びつけていくのでしょう。

そして、誰よりも頑張り屋さんだろうと言えるのがゾウ。危篤状態というイメージがここでも生きてきます。「生きよう！　生きよう！」そのように頑張っている意識が強いため、そのまま「頑張ることは当たり前」という感覚に繋がることから、努力という言葉は嫌いでも、やっていることは努力以外の何事でもありません。時に同じ「頑張り」を周りに求めたならば「できてない」「やってない」そんな言葉で周りを指摘することも多くなるかもしれません。

このような個性が「問題発見のプロ」と呼ばれる所以かもしれません。周りはよく見えますが、実は自分の足元はあまり見えていないのも特徴なので、そこはあまり突っ込まずに、アドバイスを受け止めてあげてください。

⑪ひつじの特徴（イメージはお墓、埋葬された状態）

●人間関係3分類…MOONグループ（人柄重視・気持ちや思いが大切・いい人チーム））
●行動パターン…目標指向型（段取り重視・目標達成型・期限を決めて動く）
●心理ベクトル…過去回想型（悲観的観測・慎重派・失敗したらどうしよう）
●思考パターン…右脳型（直感やイメージ重視・精神的満足が優先）

・和を尊ぶ寂しがり屋
・仲間外れにされると傷ついてグレる
・穏やかそうに見えるが実は感情的
・自虐的なセンスで和をはかる
・荷物が多いのでバッグがいつもパンパン
・好き嫌いが激しく、嫌いな人は無視
・世話したぶんだけ甘えたいと思っている
・常に客観的に物事を判断する
・互助の精神で幸せを感じる
・人から相談されると、すごく嬉しい
・情報収集家だが、捨てるのが苦手

ひつじは何を望み、どのようなやり方をしたいのか

「イメージがお墓？埋葬された状態？」すでに亡くなった人と捉えたとき、ひつじは「生まれてから死ぬまでを経験している」そのようなイメージでしょうか。いろんなことを知っています。どこか変に「悟った感」さえ抱いたりします。そして、魂と肉体が離れているけど、まだ近くにある状態、それが「２つの目線」を持っているような、そんなイメージをつくり出すことができます。

それが「客観視」「俯瞰した見方」に繋がります。今置かれている状況を、客観的に、俯瞰したイメージで捉えることができるので、まさに冷静沈着。内心実はちょっと冷めていたりするかも。

和を尊ぶ、和を乱したくない、そういった思いが強いため、あまり自分を出しません。「自分が言わなければ丸く治まる」そう思えば、周りに合わせ、自分の意見は言いません。それだけひつじは「我慢することが当たり前」と思っているような部分も強くあります。時に強く自分を押し殺してでも和を大事にするところは、自己犠牲的でもあります。それは「世のため人のため、みんなのため」を思ってのことなので、それが時に激しい「ぐちやぼやき」に繋がります。

情報収集が得意で、その情報をいつ使うかもしれないと思い、なかなか物も情報も手放せません。ひつじのデスクはわかりやすく、デスクの両脇にいつも書類が山盛り。しかし、それを触られることを嫌います。空間という情報も集めていますので「触らないで」と一蹴します。

無類の話し好きで、同じ話を何度も繰り返してしまうこともありますが、それもまた個性であり能力の１つ。

⑫ペガサスの特徴（イメージは自由な魂）

●人間関係3分類…SUNグループ（直感重視・特別感と影響力・天才チーム）
●行動パターン…状況対応型（臨機応変・成功願望・期限を決めるとストレス）
●心理ベクトル…未来展望型（希望的観測・楽観論者・うまくいったらどうしよう）
●思考パターン…右脳型（直感やイメージ重視・精神的満足が優先）

・気分屋、天気屋だが、それを隠そうとはしない
・乗っているときとそうでないときの落差が激しい
・長所は天才的だが、あとは平凡
・感情表現がオーバー。話は必ず盛る
・細かく指示されるとヤル気をなくす
・自分で自分のことがよくわからない
・うなずきながら他のことを考えている（心ここにあらず）
・根っからの自由人で感性とノリがすべて
・面倒くさがり屋で超わがまま（人を使うのがうまい）
・社交辞令の天才
・根拠のない考え方をする

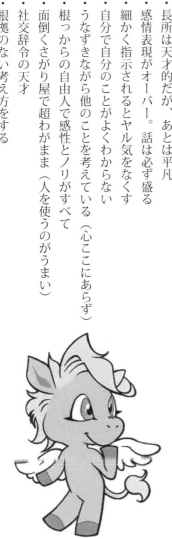

ペガサスは何を望み、どのようなやり方をしたいのか

ペガサスさんによく言われるのが、「自分探しにきました」という言葉。それだけペガサスは自分のことがあまりわからないで迷い、悩んでいる方が多いのかもしれません。狼からゾウには「肉体」があり、ひつじはお墓という物体がありました。唯一、ペガサスだけに「形」が存在しません。それゆえペガサスは「自分がない」と感じるのかもしれません。ペガサスは一番束縛に弱いため、決めたくもなければ、決められたくもないのかもしれません。だから、実はペガサスは「自分がない」のではなく、「自分を定めたくない、決めたくない」と思っている可能性があります。

自由な魂という存在。枠もなければ形ももちろんない。あるのは「あらゆる可能性」と「自由でありたい」という願いだけなのかもしれません。それが実に面白い個性を生み出します。

それは「無計画」という個性です。あらゆるものからの束縛を嫌うペガサス。経済的なこと、場所・空間的なものもそうですが、何よりも「時間」に縛られたくない感覚が強く感じられます。だから細かく計画を立てるということは、とてもストレスになるかもしれません。計画を立てることが得意な人もいれば、そうではない人もいる。黙ってじっとしていられないペガサスは、何にも縛られない存在として、自由奔放に飛び回るように動くことで、思いがけない成果を生み出す意外性が武器かもしれません。

枠を持たないため、人との距離を縮めるのもお手の物。そして、相手が喜ぶだろう言葉を瞬時に見抜いてしまう力を持つ。これが「社交辞令の天才」と呼ばれる所以。これも才能なのです。

2　キャラ別モチベーションを上げる言葉

狼の場合

・「変わってるね」「すごく個性的だね」→その他大勢との差別化を強調
・独自のセンスを持つのでさりげなく「センスのよさ」を褒めてあげる
・頼みごとやお願いごとについては、「これを頼める人は他にいない」「助けてほしい」と直球で

こじかの場合

・「困ったらいつでも言ってね」「どんなときでも味方だから」といつも気にかけてほしい
・言いづらいアドバイスも「君のことが心配だから」と、ひとことあるだけで心を開きます
・女性には「かわいいね」も嬉しい言葉

猿の場合

・「うまいね」「上手だね」「器用だね」→「猿もおだてりゃ木に登る」ように褒められたい
・「一緒にいると楽しい」「センスがよくて面白い」→人気者であることが嬉しい
・ちょっとした勝負でも勝ち負けにとてもこだわるので「勝負強いね」は大好物

チータの場合

・「難しいけどできるかな？」「ちょっと早いと思ったけど、君にならやれるはずだ！」
↓チャレンジ精神をくすぐられると一気に火が付きます
・ミッションをクリアしたなら「すごい！」「やっぱり君ならできると思っていた」と大勢の前で
　褒められるとさらにやる気がスイッチＯＮ！

黒ひょうの場合

・「かっこいい」「キレイ」「スマート」↓美意識が高い黒ひょうには最高の誉め言葉
・「センスいいね」↓この人はわかってくれる人だと信頼も生まれる
・「実は頑張り屋だよね」「憧れの人です」はかなり心に響く嬉しい言葉

ライオンの場合

・「抜きんでた才能」「普通の人とはやっぱり違う」「大物だよね」↓「選ばれし人」のイメージ
・「あなただけ特別」「みんなには秘密」といったＶＩＰ待遇的な言葉も効果的
・「○○さんのそういうところが好きです」どうしてもその厳しさゆえに敬遠されがちなので人柄
　をストレートに評価されると嬉しい
※「礼儀礼節態度」を重んじるので、あまり馴れ馴れしい言葉、言い方は控えたい

虎の場合

・「最後まで頑張ったね」「よくがんばってるね」↓責任感が強い頑張り屋

・信頼関係第一なので「賛成！」と同意してくれると嬉しい。また、「あなたにしか相談できない」と頼られると、持ち前の親分肌姉御肌を発揮したくなります

・「今回は本気です」「勝負に出ます」↓熱意を感じる体育会系な言葉に弱いが、連続使用はNG

たぬきの場合

・人を気づかい、場の空気を大切にする気配り上手。「いっしょにいるとほっとする」「なんかなごむ」「そばにいると癒される」温かい人柄や雰囲気を評価されると嬉しい

・「頑張ってる姿、ちゃんと見てますよ」「陰から君を応援してるよ」↓地味に頑張り屋さん

・実績重視の保守派なので、「これまでの例」「前例」といった前置きがあるとスムーズ

子守熊の場合

・「あなたならきっとなれる、できる」「ロマンがあっていいね」↓夢や理想の共有と賛同

・「大丈夫」「うまくいく」「成功するに決まってる」↓ちょっと心配性なので勇気づけが嬉しい

・健康に関する話題やリラックスして楽しむことが好きなので、「〇〇するとラクだよ」「ちょっと休みませんか」も心地よくなる言葉。「いっしょにいると楽しい」で上機嫌に

ゾウの場合

・常に「大物」に憧れているので、会話の中に偉人や有名人を入れると話が盛り上がります
・誉め言葉はストレートに「スゴイですね！」でＯＫ
・「スケールが大きい」「ケタが違う」「圧倒的」↓尊敬、感心、驚嘆されるのが嬉しい
・常に何かの不安を抱えているので「大丈夫」「心配しなくていいよ」など、安心感を与える

ひつじの場合

・「相談したいことがある」↓口癖が「世のためひとのため」なので人からの相談が大好き
・「信頼できる人」「性格がいい」「君がいると安心」と人柄を褒められると嬉しい
・「みんな」は最重要キーワード。「みんなもいいと言っている」「みんながやると言っている」

ペガサスの場合

・「天才肌」「スゴイ感性！」「その自由本棒なところがいい」など、個性を否定することなく、受け入れてくれる言葉は、なによりも嬉しい一言になります
・「センスいいね」でスイッチを入れ、「あとはまかせた！　自由にやって！」そんな流れ
・自由奔放に飛び回らせながら、「困ったことがあったら遠慮なく言ってね」と、フォローと受け入れ態勢があれば、思い切って飛び立つでしょう

注意したくなる部分、指摘したくなる部分こそがその人の個性

動物キャラクターごとに、モチベーションが上がる言葉をご紹介してきましたが、多くの方はすでにお気づきかもしれません。注意したくなる部分、指摘したくなる部分こそが、その人が生まれ持った個性そのものなのです。そして、それらの個性は自分自身がとても大切にしていること、重んじていることそのものであるとも言えます。

大切にしていること、重んじていることを否定されたとき、自己肯定感はとても低くなるだろうし、自分を過小評価してしまうかもしれません。しかし、注意したくなる部分、指摘したくなる部分こそその人のその人らしいやり方なのだと捉えて、そこを認めて受け入れて許してあげて「そのやり方すごいね！　その結果すごいね！　その心遣いすごいね！」そんな言葉を投げかけてあげる。

関わるすべての方々の個性を知る、把握するというのは簡単なことではありませんが、多くの時間を共にする上司、同僚、部下、家族、その方々のキャラくらいはぜひ頭の中の片隅にぜひ住まわせておいて、モチベーションが上がるだろう言葉を投げかけてみていただきたいなと思います。

注意や指摘もある意味「自分自身の当たり前」というフィルターを通しての見方捉え方であり、個性の異なる目の前の人には、「自分自身の当たり前」はほとんど通用しません。意志も意図もほぼ伝わりません。回りくどい言い方になりましたが、注意や指摘もまた自分自身の当たり前の押し付けでしかないということが言えるのだと思います。人は気持ちで生きています。人は心で生きています。気持ちや心のエネルギーが満たされたなら、いい仕事をしないはずはないですからね。

第7章　コミュニケーションにおいて大切にしたいこと

1　コミュニケーションを「相互理解」という言葉に

お互いに理解したいという思いで状況がよくなる

「コミュニケーションとは相互理解である」第1章でも同じ言葉を用いました。それだけ大切で、重要であることがわかったからこそ、繰り返しこの言葉を用いました。「お互いに」という気持ちや思い、意識があってこそ、良好な人間関係を構築することが可能となります。

はじめは、ときにその思いが一方通行のような形であっても、その思いを持ち続け、その意識を持ち続け、発する言葉を相手が喜ぶようなものに変え、相手が何を望み、期待し、何をしているのかを少しでも考えながらコミュニケーションをとるようになれば、必ずやいい方向に進み始めます。

お互いを理解していこう！　という思いが双方に生まれたならば、よくならないはずがありませんね。お互いがよくなりたい、お互いがお互いに理解したい、その思いがあれば、必ずや関係性はよくなります。

相手の反応や対応を気にしすぎない

こちらが「相互理解」の努力をしたとして、行動や言動を変えたとしても、相手がどう判断するか、それはわかりませんが、その思いや意識は通じます。相手もいい関係を望むなら、関係性は前進するだろうし、これ以上の関係を求めないなら、現状維持、もしくは関係性が解除され、なくなるかもしれません。

1つの結果結論が出れば、それを認め受け入れて、別の道に一歩踏み出せばいいだけ。曖昧な関係性に白黒が付けば、その後、新たな繋がりが生まれ、新しい可能性へと発展していきます。時は常に進んでいます。どんどんうまくスムーズに切り替えていくこと。停滞したままだと楽しくはありません。物事を前に進める。一歩前進したときの結果は気にしない。そうなったらそうなったときに対応する。

相手の反応や対応をイチイチ気にしすぎていたら、そればかりに気を取られて、本来成すべきことに集中できなくなります。それでは本末転倒です。必要以上に気にしない、気にしすぎないということもとても大切です。

2　相手を変えようとすればうまくはいきません

どうしても相手を変えたくなるのが人間です

いろんなことを学び、実践してくると、人はどうしても「相手」を変えたくなってしまいます。変えるつもりはなかったとしても「同じ」を求めるようになりがちです。これも立派に「変化」を求めていますよね。

変わりたいと思っている人であれば、あなたの変化を見て真似ようとしてみたら、「何を勉強されたのですか」と質問してくるでしょう。しかし、変化を求めていない人からみたら、あなたの実践そのものに興味がないかもしれませんし、逆に「そんなことしてどうするの？」と冷めた目で見ているかもしれません。

どのような場合であっても、強要強制されることが好きな人、それを望む人はそう多くはありません。人は自分でいいと思ったことを他人に進めますが、これも時に度合いを越して「押付け」になってしまうことが多々あるのです。発信側はそのつもりがなくても、受取り側が「強要強制された」と受ければ、そのような事実になってしまいます。

相手の変化を求めず、「よかったらどうですか？」という軽い感じのノリで教えたり、伝えたりしながら「相手の意思意見を尊重する」ことを忘れないようにしたいですね。

3　相手を変えず、自分の見方、捉え方、考え方を変えていく

見たいように見ているのが人間です

先ほどもお伝えしましたが、発信側にそのつもりがなくても、受け取り側が「強要強制された」と思えば、そのような事実になってしまいます。コミュニケーション、人間関係におけるすれ違いの多くは、それぞれの「当たり前という感覚の相違」から生まれます。

人はよかれと思って様々なことをしますが、それが全く違っているので噛み合いません。好意を抱いている人から厳しく言われたとしても、それは「私へのアドバイスなんだ」と受け取ることができますが、あまりよく思っていない人から厳しく言われたら「悪口を言われた、誹謗中傷された」と受け取りますよね。

その言葉を発した人が誰なのか。それが自分の感情にダイレクトに影響を与えます。見たいように見ているというがわかります。原因は相手なのではなく、すべて「自分自身の中」にあるということです。それを忘れて棚において、「相手が悪い、相手がダメなんだ」そう捉えて相手を変えようとしても、相手に届かないどころか、逆に反発してもっともっとひどい状況になりかねません。

変わるのは自分、変えるのは自分です

心のあり方を日々学ぶ中で、共通して出てくること。それが「自分の見方捉え方を変える」ということです。私が学び実践している個性心理學もまた、「見方捉え方を変えるためのツール」なのです。個性の違い、価値観の違い、考え方の違い。そしてそこから生まれる生き方の違い。何一つ同じものなどないのに、どうしても人は同じを求めてしまいます。それを変えない限り、人間関係、コミュニケーションは一向によくなることはありません。

相手には変化を求めず、自分自身の見方捉え方を変えていく。それを面白く楽しく実践するためにこそ、たくさんの情報をお伝えいたしました。「個性心理學というフィルター」を１つ目

の前にセットして、個性心理學の知識と情報を通してみてみることで、いろんな個性があることに気づきます。いろんな価値観、考え方があることに気づけます。考え方も生き方もまるで違っていることがわかります。そこに気づけるようになったとき、もうすでにあなたは変わりだしています。いや、もう変わっています。変わりました。

そして変わることができました。変化は怖いものではありません。変化は楽しいものです。変化こそ成長です。「気づくこと」「気づけること」これが何よりも大きな変化と成長をもたらします。仕事も全く同じですよね。初めてのときは気づけなくても、何度も繰り返すことで気づけるようになる。気づけたら、言われなくてもできるようになる。気づきこそ変化であり成長なのです。

4　怒ることと叱ることの違い

信頼関係があってこそ怒ることも叱ることもできる

「怒る」と「叱る」という言葉。どちらも似たような言葉ではありますが、その意味は全く違っています。上司と部下、親と子供、先生と生徒、あらゆる上下関係でどうしても怒る場面、叱る場面が多々でてきてしまいます。だからこそ、今一度しっかりと意味から見直してみましょう。

「怒る」・・・怒りの感情を持った人が、その感情を外に爆発させること。

「叱る」・・・相手によりよい方法を教え示すこと。

怒るは、自分のエネルギーの発散が目的であり、叱るは、相手がよりよくなるようにという相手を思ったエネルギーの投げかけになります。自分本位か、相手本位なのか、全く違っていますよね。そして多くの場合は、叱っているようで「怒っているだけ」な気がするのは私だけでしょうか。この違いが明確にしっかりとわかっていれば、職場で声を荒げることに、なんの効果もないかもしれない、逆にもっともっと状況を悪くしてしまうだろう可能性のほうが高いかもしれません。

しかし、ここで重要なのは「誰が怒ったか」ということです。誰からも信用信頼されていて、普段は冷静沈着で怒りの感情を全く出さないような人が怒りを爆発させたら、どう思うでしょう。それだけ重要で大切であろうことを蔑ろにされたり、大切な社員スタッフを守るために声を大にしていたとしたら…。それはさらなる信用信頼を生むことにもつながります。

叱ってはダメ、怒ってはダメ、と私は思ってはいません。大切なのは、そこに「信用と信頼があるかどうか」です。「誰が言うか」がとても重要なのです。

5　「ない」ではなく「ある」に焦点を当てる考え方

個性は確実に「ある」。当たり前すぎて「ない」と勘違いしていました

誰にでも個性はあります。その個性は、まさに仕事をしていく中で、生きていく中で、あなたにしか備わっていない武器そのものなのです。

しかし、それはあまりにも当たり前すぎて、自分では気づけないのです。魚には水が見えないように、鳥には風が見えないように、すべての動物に空気が見えないように、当たり前すぎて「ないもの」として捉えていますが、確実にあります。

ないと思っていたものが実はありました。それに気づくことができるようにと、それぞれの個性が異なっているのです。目の前の人が全く同じことができたなら、互いに個性には気づけません。違うから気づけます。異なるから気づけます。短距離ランナーは長距離が苦手なように、それぞれに得手不得手があります。それもまさに個性から来るものなのです。

苦手分野を克服するような努力ばかりしてきただろう現代の日本人。それはどこか「同じように」をずっと求められてきたからではないでしょうか。同じなんてありません。同じはあり得ません。違っていていいのです。違っていて当然なのです。今こそ違いを楽しむ時代が来ました。違いを喜ぶ時代がきました。お互いに協力をしあいながら、それぞれの得意な分野で力を発揮し、結果を出し、成果を挙げていく時代です。あらゆる時代の先駆者はまさに、個性の通りに生きています。自分の個性に気づき、自分の能力に気づき、それを否定せず、伸ばしてきた人たちなのだと思います。

「ない」のではなく「ある」に焦点を当てる。最初から備わっている個性を今一度見つめなおし、そこを伸ばしていけるような人間関係、コミュニケーションが求められているのだと思います。多くの人が人間関係に苦しみ、悩み、コミュニケーションが難しいと感じる現代だからこそ「個性」というものにしっかりとフォーカスすることで、長年の悩みは、実は悩むようなことではなかったということに気づけるでしょう。

悩みや苦しみ、悲しみが喜びに変わる、ストレスも喜びに変わっていく

個性心理學という1つのツールを通してみることで、今までの悩みや苦しみ、悲しみが喜びに変わります。わたしは、自らの実体験として大きな変化を味わいました。その変化はもちろん喜びに満ち溢れたものであり、変に不安になったり心配するようなこともなくなりました。人間関係からのストレスも、「だからそうだったんだ」と腑に落ちて、気づけたことへの喜びと、気づけたことからの安堵を感じています。過去の事実は変わりませんが、過去の事実の意味合いは自らの意思と意志とでいくらでも変えていくことができるのです。

大切な人との関係性について、大切だからこそいろいろと考え悩み苦しんできましたが、個性の違い、価値観の違い、考え方の違い、やり方の違い、そして生き方の違いがあるということに改めて気づき、学ぶことができた今、相手の個性とその奥底に眠っている大切な思いや願いに気づける力が、ほんのちょっとかもしれませんが、養われたのではないでしょうか。

そしてその「個性の違いに気づける力」が育てば育つほど、それに比例するように私たちの心も大きく広く、そして深く育ちます。どのようなことでも受け止めることができる、そんな寛大な心に育ちます。そのような自分に気づけたとき、あらゆることを認め受け入れ許すことがごくごく自然に、それが当たり前のごとくできるようになったあなた自身と出会うことができるでしょう。

個性心理學は皆さんの不安を希望と期待に変換させるツールなのです

知らないことで、今までたくさんの不安を抱いてきました。自分自身の過去の様々な経験から、それを上司、同僚、部下、家族にもそっくりそのまま当てはめてしまい、勝手に心配してしまっていました。不安という感情は、今までの過去に焦点を当てたときに生まれ出るのです。つまり不安は「過去」と繋がっているということです。表現を変えると、前ではなく後ろばかりを見ながら進んでいるということです。ずっとギアをバックに入れて前に進もうとしている状態なのです。

過去の経験はとても大切ですが、過去の経験と絡み合っている「感情」が大きなブレーキとなります。感情を切り離すこと、感情を切り替えていくことがとても大切なことだと思っています。その切り替えを面白く楽しくおこなえるのが個性心理學だと考えています。

個性の違いを知った今、個性の違いは否定するもの、されるものではなく、その人らしさそのものであり、可能性でしかないということを合わせて知ることができたのではないでしょうか。個性＝可能性という見方ができるのであれば、そこから見えてくるのは「希望」であり「期待」です。「どうせ無理、どうせできないだろう」という否定的な見方ではなく、「この人はどんなやり方で結果を出してくるだろう」というワクワクドキドキしか生まれない状況をつくり出すことができるのだと思っています。

個性の違いを知った今、個性の違いは可能性でしかなく、明るい未来にベクトルを向け直し、希望と期待を持って、コミュニケーションそのものを楽しんでいけることを願っています。

あとがき

　本を書く、出版する、わたしの大きな夢の1つでした。それはもちろん、個性心理學の講師という仕事をする前には、全く想像もしていなかった夢でした。個性の可能性を伝えるようになって早6年。このお話をいただいたとき、私はとても憔悴しきっていました。今回はその内容に触れることはできませんでしたが、「トキのリズム」という個性心理學のバイオリズムで言うところの「焦燥」に当たる2019年。何をやっても思い通りには進みにくいだろうタイミング（時期）と知ってはいたものの、ここまで噛み合わないものかと、字のごとく焦りばかりが膨らんでいく毎日でした。そんな中で届いた朗報。焦燥というときは、「願ってもない大きなチャンス、大きなギフトが届くタイミング」と伝え続けてきた通りのことが起こりました。

　毎日のようにブログで発信している自分ですが、どこか話口調、しゃべり口調の文章のブログ。初めてお会いする人からも「ブログのまんまですね！」と言われるような書き方の自分が、このような形で、このような機会をいただき、多くの皆様の手に取っていただき読んでいただく「本」として、「実用書」として書かせていただけたこと、本当に有難く、嬉しく思っております。いつもブログを読んでくださる皆様には「あ！　しばけん先生（柴田賢治という名前なので、あだながしばけん先生）がかなり丁寧な言葉で書いてる」という印象かもしれませんが、できるだけ難しい言葉は使わず、普段使っている言葉、表現を残したまままとめさせていただきました。

本書のほとんどは、わたしが学んでいる「個性心理學®」に関する情報が土台にあり、そこに日々学び、実践している考え方、「心のあり方」、そして私の思い（目に見えない気持ちや思いが大切なMOONグループの自分なもので）がたくさん盛り込まれた、いかにもMOONっぽい文章だったかもしれませんが、少しでも皆様の今後のよりよい人間関係の構築、コミュニケーション、相互理解に繋がれば、これ以上ない喜びです。

改めまして、個性心理學®をこの世につくり出してくださった個性心理學研究所®弦本將裕先生には厚くお礼申し上げます。弦本將裕の著書を参考にさせていただきながら、私なりにまとめさせていただいた箇所がたくさんありますが、やはりこの個性心理學®は、弦本先生の多くの学びと情報収集の賜物だと改めて実感させられました。そして、私がここまで成長することができたのは、名古屋本部いむらきよし本部長のおかげです。本当にありがとうございました。また、全国各地にいらっしゃる講師仲間の皆々様、日々私の講座を受けてくださり、個性心理學を楽しく実践してくださる仲間の皆様、ブログはじめ各種ＳＮＳで交流を持ってくださる皆様のおかげでこのような機会をいただき、この内容をまとめることができました。本当にありがとうございました。

その他、ここに書ききれないほどの方々にサポートをいただき、本書を書き上げることができました。ご支援をいただきましたすべての皆様、そして本書を手に取ってくださったあなたに、改めて厚くお礼申し上げます。本当にありがとうございました。

柴田　賢治

【参考書籍】

本書を執筆するにあたり参考にした本をご紹介します。

●弦本將裕　著
「動物キャラナビ（バイブル）」　集英社
「動物キャラナビ（お仕事編）」　集英社
●個性心理學®
個性心理學®特別上級講座テキスト

著者略歴

柴田　賢治（しばた　けんじ）

23番無邪気なひつじ。1975年青森県生まれ。認定講師歴6年。
個性心理學研究所®名古屋本部所属　認定講師・認定カウンセラー（第49I1017号）
2012年7月「いむらきよし先生（現：個性心理學研究所®名古屋本部本部長）」と「個性心理學®」に出会い、翌2013年7月に認定講師となる。2015年には青森県を中心に年間約200回の講座、講演、セミナーを開催。以降、東京、大阪、名古屋、岡山、札幌、仙台、金沢、浜松、群馬、新潟、沖縄を始め、現在23都道府県を回らせていただく。企業講演、各種セミナーなど、大小合わせて800件以上開催。「面白く楽しく、それでいてイメージしやすくわかりやすく」をモットーに個性の楽しさと可能性を伝える活動を日々させていただいている。
アメーバブログ　https://ameblo.jp/shibaken3412

イラスト：太田 絵里子（Original DesignOG-CHANCE）

部下のキャラを知って伝えたいことを100%伝える
職場コミュニケーション術

2020年 3月 3日　初版発行

著　者　柴田　賢治 ©kenji Shibata

発行人　森　忠順

発行所　株式会社 セルバ出版
〒 113-0034
東京都文京区湯島 1 丁目 12 番 6 号 高関ビル 5 B
☎ 03（5812）1178　　FAX 03（5812）1188
https://seluba.co.jp/

発　売　株式会社 創英社／三省堂書店
〒 101-0051
東京都千代田区神田神保町 1 丁目 1 番地
☎ 03（3291）2295　　FAX 03（3292）7687

印刷・製本　モリモト印刷株式会社

ISBN978-4-86367-561-2